四川白酒产业文化研究

李晖，四川省五粮液集团有限公司与北京师范大学联合培养博士后。本著作获宜宾五粮液股份有限公司专项资金全额资助。

李晖　李红·著

西南财经大学出版社

中国·成都

图书在版编目(CIP)数据

四川白酒产业文化研究/李晖,李红著.—成都:西南财经大学出版社,
2023.5
ISBN 978-7-5504-5730-0

Ⅰ.①四… Ⅱ.①李…②李… Ⅲ.①白酒工业—产业发展—研究—四川
Ⅳ.①F426.82

中国国家版本馆 CIP 数据核字(2023)第 058111 号

四川白酒产业文化研究
SICHUAN BAIJIU CHANYE WENHUA YANJIU

李 晖 李 红 著

策划编辑:乔 雷 冯 梅
责任编辑:乔 雷
责任校对:张 博
封面设计:墨创文化
责任印制:朱曼丽

出版发行	西南财经大学出版社(四川省成都市光华村街55号)
网　　址	http://cbs.swufe.edu.cn
电子邮件	bookcj@swufe.edu.cn
邮政编码	610074
电　　话	028-87353785
照　　排	四川胜翔数码印务设计有限公司
印　　刷	成都市火炬印务有限公司
成品尺寸	170mm×240mm
印　　张	10.75
字　　数	256千字
版　　次	2023年5月第1版
印　　次	2023年5月第1次印刷
书　　号	ISBN 978-7-5504-5730-0
定　　价	66.00元

引言

在人类数千年的文明发展史中，酒是遍及世界各个族群的文化产物，在一定程度上甚至可以说，酒是各文明类型的边界或表征。

在广袤无垠的中华大地上，酒文化基因内嵌于各类仪式、情境与心境中，酒可以治病、成礼、成欢、忘忧、壮胆。对于中国人来说，酒有着独特的历史价值、文化价值、生态价值、休闲价值以及其他价值。其中，四川白酒（以下简称川酒）产业文化因其底蕴深厚、符号鲜明，在中国酒文化中占据着重要地位。

进入工业文明时代后，科学技术推动人类社会生产力飞速发展，川酒生产速度和效率得到极大提升，川酒产业文化的内涵与空间也得到了极大扩张。然而多年来，在"酒文化""酒文化产业"等称谓的泛滥与遮蔽下，学界对"白酒产业文化"的研究却存在不足。细思之，"酒文化产业"的重心为"产业"，"文化"是"产业"的经营内容，而"白酒产业文化"的重心为"文化"，它更加重视基于文化的产业发展，更加强调文化的引领性、目的性、示范性。

与此同时，现代化裹挟着香槟、白兰地、啤酒、葡萄酒等酒水开始同川酒争夺市场，川酒产业文化也逐渐被误读和改写。市场风云变幻，行业此消彼长，川酒产业文化可能去往何处，又应当去往何处？推进川酒产业文化建设，有助于强内涵、壮产业、树形象、立品牌，对于川酒产业的发展，或将具有重要意义。

李晖　李红

2023 年 1 月

目录

第一部分　核心概念

第二部分　川酒产业文化建设状况

第三部分　川酒产业文化建设困境

第四部分　建议与展望

第一部分

核心概念

1　产业、文化与产业文化

1.1　产业与川酒产业

1.1.1　产业

产业（industry）作为重要的经济学概念，其内涵和外延具有复杂性。产业拥有巨大的理论能量、实践能量和现实能量，相关学科在经济、社会发展中的作用日趋凸显。如产业经济学，是应用经济学的重要分支，其将产业视为一个有机整体，并作为学科的研究对象进行研究。卡尔·马克思（Karl Marx）的著作中也包含了丰富、独特的产业思想，马克思产业理论是学者进行产业研究的重要科学理论来源。厘清产业的内涵与外延，是进行产业研究的第一步。

1.1.1.1　产业的内涵

产业构成了国民经济的庞大系统。产业的英文"industry"除可翻译为"产业"外，还可翻译为"工业""行业"等，其内涵重叠，但有所差别。"工业"是社会分工发展的产物，是第二产业的重要组成部分，可分为轻工业和重工业两种类型。"行业"是提供同类具有相互密切替代性的商品或服务并具有竞争性的企业的总称。"产业"是指生产同类具有密切替代关系的产品的厂商在同一市场上的集合。总体而言，产业在广义上可以指国民经济中的各个产业部门，在狭义上也可以指具体的行业部门①。具体而言，我们可以从以下几个方面对产业的内涵进行分析：

第一，产业是社会分工的产物，是社会生产力不断发展的必然结果。

---

① 鲍宏礼. 产业经济学 [M]. 北京：中国经济出版社，2018.

社会分工是指人类进行各种劳动的社会划分及其独立化、专业化。原始社会不存在社会分工，没有产业的存在。随着人类社会生产力水平的发展，农业逐渐演化为单独的生产部门，并逐渐形成农业、畜牧业、手工业和商业等产业部门，形成了脑力劳动和体力劳动的分工。随着三次工业革命的产生与发展，工业逐渐成为社会中的主导部门，在工业经济和市场经济的背景下，社会分工向细向深发展。

第二，产业是具有某种同类属性的企业经济活动的集合。产业的生产活动都各自有其共同的属性或特征，产业内的企业之间存在竞争关系，提供有替代关系的产品或服务，产业活动以经济为目标而展开。产业应该具有的经济活动指具有某种同类属性和特征的所有经济活动，而不是某些经济活动或者部门经济活动。

第三，产业是介于宏观经济与微观经济之间的中观经济。宏观经济主要研究国民经济的总量，微观经济主要研究企业和居民的经济行为，而产业作为经济单位，着眼的是具有某种同类属性的经济活动的集合。产业既不同于国民经济宏观经济总量的行为，也不同于单个经济主体的经济行为，属于中观经济的范畴[1]。

1.1.1.2 产业的外延

产业的内涵随着经济发展不断丰富的同时，产业的外延也在不断扩展。"产业"一词最早由重农学派[2]提出，主要指农业，而随着资本主义的发展，"产业"一词发展为主要指工业，后服务业也分离出来并逐渐细分。在社会生产力和经济飞速发展的今天，生产部门、流通部门、服务部门、文化教育部门等都属于产业的范畴，产业的外延正不断扩展。

明确产业的外延，需要了解产业的分类。产业分类是对产业经济进行

---

[1] 苏东水，苏宗伟.产业经济学 [M].5 版.北京.高等教育出版社，2021.

[2] 重农学派，18 世纪 50—70 年代法国古典经济学派，弗朗斯瓦·魁奈（Fransois Quesnay，1694—1774 年）是重农学派的创始人。法国经济学家安·罗伯特·雅克·杜尔哥，劳恩男爵（Anne-Robert-Jacqnes-Turgot，Baron de Laune，1727—1781 年）进一步发展了重农学派的理论。17 世纪末至 18 世纪中叶，法国处于封建主义向资本主义的过渡时期，法国国王路易十四和路易十五先后实行牺牲农业发展工商业的重商主义政策，农业经济地位遭受破坏，农业发展陷入困境，继而出现了反对重商主义政策，主张重视农业的重农主义经济学说，其理论基础是"自然秩序"论。重农学派认为自然界和人类社会存在的客观规律是上帝制定的"自然秩序"，而政策、法令等是"人为秩序"。自然秩序是永恒的、理想的、至善的。但社会的自然秩序不同于物质世界的规律，它没有绝对的约束力，人们可以以自己的意志来接受或否定它，以建立社会的人为秩序。后者表现为不同时代、不同国度的各种政治、经济制度和法令规章等。

分析、研究和管理的先行必要步骤。现有的产业分类方法主要有三次产业分类法、四次产业分类法、两大部类分类法、农轻重分类法、国际标准产业分类法、中国标准产业分类法、生产要素分类法、关联方式分类法等。本书主要对以下几种分类方式进行介绍：

三次产业分类法是由英国经济学家罗纳德·费希尔（Ronald Fisher）在《安全与进步的冲突》一书中首次提出的产业分类方法，英国经济学家科林·克拉克（Colin Clark）对三次产业分类法进行了发展。三次产业分类法根据人类经济活动的发展阶段将经济活动分为三大类：第一次产业指广义上的农业，包括种植业、林业、畜牧业和渔业；第二产业指广义上的工业，包括建筑业、原材料工业、加工工业、制造业等；第三次产业指广义上的服务业，包含一二产业以外的所有经济活动。随着现代科技的发展，信息技术被作为第四次产业而提出。

两大部类分类法由马克思提出。马克思根据不同产品在社会再生产过程中的不同作用，从实物形态上将社会总产品分为生产资料和消费资料。其中，生产资料的生产部门指从事物质资料生产并创造物质产品的部门，包括农业、工业、建筑业、运输邮电业、商业等；消费资料的生产部门指不从事物质资料生产而只提供非物质性服务的部门，包括科学、文化、教育、卫生、金融、保险、咨询等部门。

农轻重分类法来源于苏联，其理论依据来自马克思主义的两大部类分类法。农轻重分类法按产品的主要生产部门将产业分为农业、轻工业和重工业三大类。农轻重分类法曾广泛流行于社会主义国家，具有一定的理论与实践意义，但随着经济的发展其局限性也愈发明显。

国际标准产业分类法是联合国为了统一各国国民经济统计口径，实现产业分类标准化而制定的分类方法。它将全部经济活动分成 10 个大项，再将各个大项细化为若干中项、小项、细项。10 个大项为：①农业、狩猎业、林业和渔业；②矿业和采矿业；③制造业；④电力、煤气、供水业；⑤建筑业；⑥批发与零售业、餐饮与旅游业；⑦运输业、仓储业和邮电业；⑧金融业、不动产业、保险业与商业性服务业；⑨社会团体、社会性和个人服务活动；⑩不能分类的其他活动。

中国标准产业分类法是我国产业分类的国家标准，我国于 2011 年修订的《国民经济行业分类与代码》，按照国际通行的经济活动同质性原则，将我国国民经济划分为 20 个行业门类，96 个行业大类，若干个行业小类。

20个门类依次是：A. 农、林、牧、渔业（本门类含5个大类）；B. 采矿业（含7个大类）；C. 制造业（含31个大类）；D. 电力、煤气及水的生产和供应业（含3个大类）；E. 建筑业（含4个大类）；F. 交通运输、仓储和邮政业（含2个大类）；G. 信息传输、计算机服务和软件业（含8个大类）；H. 批发和零售业（含2个大类）；I. 住宿和餐饮业（含3个大类）；J. 金融业（含4个大类）；K. 房地产业（含1个大类）；L. 租赁和商务服务业（含2个大类）；M. 科学研究、技术服务和地质勘探业（含3个大类）；N. 水利、环境和公共设施管理业（含3个大类）；O. 居民服务和其他服务业（含3个大类）；P. 教育业（含1个大类）；Q. 卫生、社会保障和社会福利业（含2个大类）；R. 文化、体育和娱乐业（含5个大类）；S. 公共管理和社会组织（含6个大类）；T. 国际组织（含1个大类）。

生产要素分类法就是按照劳动、资本、知识等生产要素在国民经济中所占的比重或对生产要素的依赖程度对产业进行分类的方法。任何种类的经济活动都要投入一定的生产要素，包括土地、资本、劳动、知识等。由于不同种类的产品其原料构成不同、技术要求不同、特征不同、性能不同，其所投入的生产要素的比重也不同。因此，不同种类的经济活动对各种生产要素的依赖程度也不同。根据所需投入生产要素的不同比重和对不同生产要素的不同依赖程度可以将全部生产部门划分为劳动密集型产业、资本密集型产业和知识密集型产业三类。

关联方式分类法是将具有某种相同或相似关联方式的企业经济活动组成一个集合，根据不同的关联方式有多种分类方法，包括技术关联分类法（如制造业、建筑业、冶炼业、运输业等），原料关联分类法（如造纸业、纺织业、印刷业等），用途关联分类法（如造船业、汽车制造业、烟草业等）等具体方法。

1.1.2 川酒产业

1.1.2.1 川酒产业的概述

"世界白酒看中国，中国白酒看四川"。川酒产业即四川地区白酒产业，四川地区白酒酿造历史悠久，产量大、销量高，优势品牌聚集。川酒产业是四川省传统优势产业和特色支柱产业，四川省委、省政府高度重视白酒产业的发展，将优质白酒作为四川省16个重点产业之一进行大力扶持。

（1）簇簇花开：川酒产业发展格局。

1989年，在第五届全国评酒会上，五粮液、泸州老窖、郎酒、沱牌曲酒、全兴大曲、剑南春被评为名酒，演变至今，便是川酒"六朵金花"。后来，水井坊接棒全兴，舍得接棒沱牌，形成了以五粮液、泸州老窖、郎酒、水井坊、舍得、剑南春为代表的川酒六朵金花。

2016年，四川省人民政府下发《关于推进白酒产业供给侧结构性改革加快转型升级的指导意见》，强调开展"川酒"品牌提升计划，加强品牌梯度培育。2017年，四川省组织实施"首届四川省十朵小金花白酒企业"评选工作。2019年7月，由四川中国白酒金三角酒业协会主办的2019年四川白酒行业年会在宜宾举行。会上，四川丰谷酒业有限责任公司、四川省文君酒厂有限责任公司、四川泸州三溪酒类（集团）有限责任公司、四川省古川酒业有限公司、四川远鸿小角楼酒业有限公司、四川省宜宾市叙府酒业股份有限公司、四川江口醇酒业（集团）有限公司、四川仙潭酒业集团有限责任公司、四川广汉金雁酒业有限公司、四川泸州玉蝉酒业（集团）有限公司被授予"首届四川省十朵小金花"铭牌①。

（2）政府助力：川酒产业政策优势。

2018年，四川省委第十一届三次全会提出"川酒振兴计划"，明确提出高质量地打造"中国白酒金三角"，计划到2022年，四川省白酒产业规模达到3 800亿元，主营业务收入占全国的比重稳定在40%以上，利润占全国的比重提高到30%以上，四川省实现食品饮料万亿目标。

2020年10月14日，四川省经济和信息化厅、发展改革委、科技厅、生态环境厅等七部门联合印发《关于印发〈四川白酒"十朵小金花"及品牌企业三年培育计划〉的通知》（川经信酒发〔2020〕181号），推动全省白酒产业梯度化、品牌化、集群化发展②。

2021年，川酒产业建设进入发力阶段。第十六届中国国际酒业博览会新闻发布会上，四川省经济和信息化厅、商务厅披露了川酒"十四五"发展蓝图：未来五年，四川省将重点围绕项目建设、产业链发展、企业培

---

① 四川省人民政府."首届四川省十朵小金花"白酒企业出炉［EB/OL］.（2019-07-14）［2023-01-15］. https://www.sc.gov.cn/10462/12771/2019/7/14/d7a10f0b80204a80956b98f451813341.shtml.

② 四川省人民政府.七部门印发《四川白酒"十朵小金花"及品牌企业三年培育计划》［EB/OL］.（2020-10-20）［2023-01-15］. https://www.sc.gov.cn/10462/10464/10797/2020/10/20/5f850fa2ea004fa395d8501a9d91a858.shtml.

育、市场拓展以及安全监管"五大行动"，从市场引领、流通创新、开放合作、融合发展等方面下功夫，全力提升四川白酒产业市场竞争力①。2021年3月，四川省人民政府发布《四川省国民经济和社会发展第十四个五年规划和二〇三五年远景目标纲要》（以下简称"规划"），明确提出要壮大世界级白酒产业集群、培育世界级消费品产业集群、深度挖掘长江源头酒文化价值、提升酒博会等重点展会专业化国际化水平。

2021年6月，四川省人民政府颁布《推动四川白酒产业高质量发展的若干措施》，其中提到推动产业集群发展、巩固扩大优势产能、加快技术改造升级、做大做强优势企业、持续提升川酒品牌影响力、推动酿酒专用粮基地建设、加强产业创新发展、加大市场拓展力度、加强质量安全管控、促进跨界融合发展、加大财政金融支持力度、加大人才队伍建设等十二项政策，被称为"川酒十二条"。2021年，川酒产业实现营业收入3 451.4亿元，与2020年相比营业收入增长14%，利润增长24.9%。

1.1.2.2 川酒产业的特征

（1）天时地利：得天独厚的自然历史条件。

四川位于中国西南腹地，界于北纬26°03′~34°19′。四川地处中国大陆地势三级阶梯中的第二级，整体西高东低，地貌差异大，地形复杂多样，全省可基本分为四川盆地、川西高山高原区、川西北丘状高原山地区、川西南山地区、米仓山大巴山中山区五大部分。四川盆地约占四川总面积的三分之一，其岩石主要由紫红色砂岩和页岩组成，这两种岩石极易风化发育成紫色土。紫色土中钙、磷、钾等矿质养分含量丰富，土壤肥沃，农业利用价值高。四川盛产优质水稻、小麦、玉米、糯高粱等农作物，为川酒的酿造提供了必要原料。

四川位于长江中上游地区，河流众多，水资源丰富。四川省年平均降水量约为4 889.75亿立方米。四川省水资源以河川径流最为丰富，共有大小河流近1 400条，号称"千河之省"。四川省水资源总量为3 489.7亿立方米。丰饶的水源成为川酒酿造的血脉。

四川省的气候以亚热带季风性气候为主，夏热冬温，雨热同期，四季分明，季风发达②。四川盆地及周围山地全年温暖湿润，降水丰沛；川西

---

① 闵玲."十四五"四川将实施川酒振兴"五大行动"[N/OL].（2021-01-21）[2023-01-15].四川日报, https://epaper.scdaily.cn/shtml/scrb/20210121/248802.shtml.

② 伍光和，王乃昂，胡双熙，等.自然地理学[M].4版.北京：高等教育出版社, 2008.

南山地干湿季分明，降水量相对较少，云量少，晴天多，日照充足。四川省还有高原山地气候，主要分布于川西北地区。这样的气候条件使得四川成为微生物繁衍生息的温床。四川白酒四大产区的微生物种类和数量有一定的差异，但空气、曲房、窖房和厂房中微生物群落都具有多样性和稳定性，且有益酿酒的微生物居多。此外，四川白酒四大产区的微生物在种类和数量上都有特定的生存趋势，这是其他地方没有的。

地形、农作物、水源、气候、微生物等天然优势使四川成为酿酒沃土，孕育出众多优质白酒品牌，这是川酒产业形成和发展的自然基础。

得益于得天独厚的自然条件，四川地区酒产业历史悠长。据考古发现，三星堆遗址中出土了大批距今 3 000～3 500 年的陶制酒器。战国时期，蜀郡太守李冰治水，主持修建都江堰水利工程，成都平原在灌溉下"沃野千里，号为陆海，旱则引水浸润，雨则杜塞水门，故记曰水旱从人，不知饥馑，时无荒年，天下谓之天府也。"（《华阳国志》卷三《蜀志》）四川逐渐成为远近闻名的"天府之国"，优厚的地理条件和充裕的粮食，为酿酒业的快速发展提供了丰富的资源。隋唐时期，四川地区社会安定，商业繁荣发展，有"扬一益二"一说，酒业亦兴旺发展。杜甫曾在诗中写道："蜀酒浓无敌，江鱼美可求。"明代，泸州和宜宾两大名酒基地开始出现，优质川酒频出。清代，四川白酒酿造工艺日趋成熟，川酒产业兴旺，远近闻名。承华夏五千年酒脉，川酒产业格局轮廓渐显并日趋成熟。

（2）产业聚集：合理向心的产区分布格局。

当前，中国酒业正处于转型升级的高质量发展关键时期，产区成为推动白酒产业高质量发展的重要支撑。川酒产业呈现出显著的产区聚集特征，宜宾、泸州头部领跑，与成都（邛崃）、德阳（绵竹）共同构成川酒四大核心产区①。2021 年，四川省人民政府办公厅印发的《推动四川白酒产业高质量发展的若干措施》提出，优化区域产业链布局，提升产业协作水平，支持泸州、宜宾加快建设世界级优质白酒产业集群；支持成都（邛崃）、德阳（绵竹）、遂宁（射洪）、自贡（富顺）加快建成全国优势白酒产区。

就宜宾产区而言，素有"中国酒都"美誉的宜宾，已形成了以中国白酒龙头企业、浓香型白酒典型代表五粮液集团为引领，四川酒茶集团、宜

---

① 蒋雯琦.成都举办白酒产区发展峰会赋能白酒产业高质量发展［EB/OL］.（2021-11-10）［2023-01-15］. https://www.thepaper.cn/newsDetail_forward_20673102.

宾酒公司、高洲酒业、叙府酒业、永乐古窖酒业、六尺巷酒业、金喜来酒业、国美酒业、竹海酒业、长兴酒业、恒生福酒业、今良造酒业、李庄酒厂、安宁烧酒厂等一批知名白酒企业集聚的千亿白酒产区。面向"十四五",宜宾提出了打造"世界优质浓香型白酒主产区"的发展定位。2021年3月至今,宜宾市密集出台《宜宾市白酒产业发展规划(2021—2025年)》《关于加快白酒产业高质量发展的意见》《推动白酒产业高质量发展的支持政策》等高效务实的政策和意见,围绕支持龙头企业发展、优质浓香型白酒产区打造、白酒产业功能区发展、兼并重组、扩大优质产能、创新发展、酒+文旅融合发展、人才队伍建设等九个方面推出了具体政策,促进宜宾白酒产业的高质量发展①。

就泸州产区而言,泸州作为"中国酒城"闻名遐迩。2021年,泸州市人民政府办公室印发的《泸州市"十四五"白酒产业高质量发展规划》表示,"十四五"时期,泸州以"'一体两翼'、一群三区(世界级优质白酒产业集群、世界级名酒产区、世界著名白酒文化展示区、中国白酒绿色发展示范区)"为战略定位,加快推动白酒产业高质量发展,努力成为携(赤)河跨(长)江、浓酱翘楚的中国白酒增长极。泸州产区在"十四五"目标中表示,将以深耕"世界级优质白酒产业集群"为己任,以郎酒二郎酱酒基地系列技改及配套工程项目等"6个100亿"项目为抓手,实现"六个打造"。

就成都(邛崃)产区而言,"中国原酒之乡"邛崃是目前中国最大的白酒原酒基地,多年来深耕原酒产出,是川酒产业的重要组成部分。邛崃,出自藏语"盛产美酒的地方"。2021年4月,四川邛酒产业振兴发展大会暨成都首届天府酒庄文化周酒庄发展圆桌会议在邛崃举行,该活动以"邛酒引领,创启未来"为主题,旨在打造"世界级的酒庄旅游目的地"。会议展示了邛酒产业"十四五"的发展蓝图:"力争3年时间,实现邛酒营收倍增,新增3家十亿级企业、一批亿元级企业,推动优势企业、优质要素向产区集中集聚;5年时间,实现营收再翻一番,邛酒企业上市发展,产区知名度、辐射力显著提升。"② 2021年8月,成都酒业集团公司成立,

① 吴平华. 宜宾:以"五粮液"等龙头引领 打造世界优质浓香白酒主产区 [EB/OL]. (2021-12-18) [2023-01-15]. http://www.sc.chinanews.com.cn/bwbd/2021-12-18/159994.html.

② 王紫兆. 从"原酒基地"到"酒庄集群",邛崃到底还有多少"惊喜" [EB/OL]. (2022-04-10) [2023-01-15]. http://www.cnwinenews.com/html/2022/guanzhu_0413/125361.html.

设立了成都酒业梦工场公司、成都酒业投资公司、成都市北纬三十度酒业公司 3 个全资子公司，进行产区产业链垂直整合和生态圈集群布局。成都（邛崃）产区将利用国家中心城市的资源优势，依托自身独特的环境禀赋、优秀的酿造技艺、深厚的文化底蕴，振兴产区建设。

作为川酒四大核心产区之一，德阳（绵竹）产区 2019 年被中国酒业协会授予"世界美酒特色产区"的称号，绵竹白酒产业地位获得历史性的重视。德阳（绵竹）产区孕育的川酒"六朵金花"之一的传统名酒品牌剑南春，近年来经历了"涅槃重生"。2019 年 3 月，绵竹市酒类产业发展局成立。绵竹市酒类产业发展局的职责，是促进全市酒类产业发展。2021 年 12 月，德阳（绵竹）产区出台《绵竹市支持白酒产业高质量发展实施意见（试行）》，宣布绵竹市每年安排不低于 2 000 万元白酒产业发展专项资金，集中用于支持酒类企业兼并重组、新增产能、市场拓展、品牌培育、升级改造等项目，力争全市白酒产业产值 2025 年突破 500 亿元。同时，绵竹市将加大科技赋能，建立白酒产业技术创新体系，加快编制《"绵竹酒"生产技术规范》等标准体系，加快组建产区白酒创新研发中心，聚焦"风味、健康"双导向，支持低度酒、养生酒等新品种研发。在企业培育方面，绵竹市将支持龙头企业剑南春集团继续做大做强，并全力支持二三线酒企加快发展。

（3）质高效优：稳居前列的产能规模。

四川省一直是我国的白酒生产大省，产量占比稳居全国第一。2021 年四川全省 294 家规模以上企业累计生产白酒 364.1 万千升，同比增加 3.7%，占全国总产量的 50.9%；完成营业收入 3 247.6 亿元，同比增长 13.8%，占全国总收入的 53.8%；实现利润 655.0 亿元，同比增长 23.7%，占全国总利润的 38.5%。2021 年，川酒产业增速超过全国平均增长水平，川酒产销量均实现"控股"全国白酒市场的目标[①]。白酒营收占比高于产量占比，川酒正在向效益型产业转变。2021 年，五粮液集团实现营业收入 1 400 亿元，宜宾在其带领下成为中国首个营收迈入千亿大关的白酒核心产区。

2021 年，四川省人民政府办公厅印发《推动四川白酒产业高质量发展的若干措施》，从推动四川省白酒产业高质量发展的各个方面出发，提出

---

① 李晨，郑茂瑜.川酒产业如何实现"关键一跃"？［N］.四川日报，2022-05-26（10）.

了推动产业集聚发展，巩固扩大优质产能，加快技术改造升级，做大做强优势企业，持续提升川酒品牌影响力，推动酿酒专用粮基地建设，加强产业创新发展，加大市场拓展力度，加强质量安全管控，促进跨界融合发展，加大财政金融支持力度，加大人才队伍建设十二条举措，强调要支持"六朵金花"等名优白酒企业做大做强，建立个性化精准服务工作机制，加强要素资源整合，支持企业做大规模、做强主业、做优品牌；支持"十朵小金花"及品牌企业做强品牌，提升效益，帮助企业加快成长；实施优势白酒企业"跨台阶"奖励计划，加快培育一批引领带动作用明显的大企业、大集团。

（4）浓酱双优：全国闻名的优质产品名片。

2021年，四川省在川酒"十四五"规划中首次提出，要充分发挥川酒"浓酱双优"的独特优势。由于四川是浓香型白酒的发源地，四川浓香远近闻名，成为川酒产业的代表印象。四川浓香原酒作为基酒热销全国，很多北方浓香酒厂，都有四川浓香基酒的影子。就酱香酒而言，四川也同样具有先天的产业条件与产业基础。从地方上看，泸州、宜宾、遂宁、大邑、邛崃等地均有酱酒企业，四川酱酒企业在国内也有一定的知名度。此外，泸州古蔺产区与茅台集团都处于赤水河49千米核心酿酒区，拥有世界上最适合酿造酱酒的生态环境和酿酒条件，赤水河两岸酱酒同出一源。从市场来看，酱酒在2022年实现了2 100亿元的营业收入和870亿元的利润，四川酱酒同样具备冲击全国酱酒市场的优势。按照目前发展规划，到2025年，四川省将初步建成世界级白酒产业集群，川酒产业规模有望突破4 000亿元。四川酱酒拥有巨大的发展空间。

"浓酱双优"的川酒产品特色，展示了协同发展的川酒产业产品格局，推动了川酒产业体系建设完善，突出了川酒产业竞争优势。

（5）品牌制胜：名酒云集的优势品牌集群。

四川白酒酿造工艺精湛、自然禀赋优越、产业基础雄厚，近年来，四川白酒行业大力实施"川酒"品牌提升战略，推动全省白酒梯度化、品牌化、集群化发展，已经形成"六朵金花""十朵小金花""原酒二十强"等梯队品牌，区位优势明显，营商环境优良，这就决定了川酒未来仍将长期扮演白酒发展领头羊的角色。

川酒产业重视品牌建设。近年来，四川大力实施"川酒"品牌提升战略，推动全省白酒梯度化、品牌化、集群化发展，在推动"六朵金花"做大做强的基础上，着力提升二线白酒品牌的美誉度和辨识度。2019年7月，在省领导联系指导优质白酒产业机制的指导下，四川中国白酒金三角酒业协会评选了"首届四川省十朵小金花白酒企业"。为大力提升"十朵小金花"的企业实力、产业规模和品牌影响，引领品牌白酒企业规模和实力稳步提升，壮大产业"腰部"，按照省领导要求，根据《优质白酒产业振兴发展培育方案》，2020年，经济和信息化厅等七部门联合起草了《四川白酒"十朵小金花"及品牌企业三年培育计划》（下文简称《培育计划》）①。《培育计划》提出，要推动"十朵小金花"进一步提高品牌影响力和辨识度，企业规模实力进一步增强，主要经济指标实现快速增长，10户重点企业主营业务收入年均增速力争达到12%，利润年均增速力争达到12%；企业年主营业务收入超10亿元5户，其中超20亿元2户。《培育计划》从加强规划指导、加大技改力度、加强质量建设、加强创新融合、强化宣传推广、强化人才建设等6个方面提出了产业培育的主要任务，并明确了加强组织领导、加大财税支持力度、创新金融支持方式、营造发展环境、加强监测管理等5个方面的推进措施。2021年6月，四川省人民政府办公厅印发《推动四川白酒产业高质量发展的若干措施》，提出要支持"六朵金花"等名优白酒企业加大投入，创新模式，强化宣传，不断提升品牌核心竞争力；鼓励"十朵小金花"及中小白酒企业做大自有品牌，提高品牌附加值；推动原酒企业整合，打造原酒优质品牌，提升原酒市场话语权和资源控制力。

（6）人才齐备：被高度重视的人才队伍建设。

完善人才队伍能拓展一个企业、一个产区或是一个产业的生长维度。经过多年发展，截至2021年年底，四川拥有国家级白酒评委92名（约占全国总数的1/5）、省级白酒评委435名，以及高级品酒师11 000余名、高级酿酒师15 000余名，四川已成为国内酿酒人才集聚高地。

第一，企业内部人才梯队建设。五粮液集团始终把人才视为企业创新发展的第一资源，持续落实"人才强企、人才兴企"战略，大力实施"千百十人才工程"，着力在人才的选、育、管、用、留上下功夫，构建充满活力的人才体制机制，厚植人才成长的"沃土"和"热土"，形成尊重人

---

① 四川省人民政府.七部门印发《四川白酒"十朵小金花"及品牌企业三年培育计划》[EB/OL].（2020-10-20）[2023-01-15]. https://www.sc.gov.cn/10462/10464/10797/2020/10/20/5f850fa2ea004fa395d8501a9d91a858.shtml.

才、爱护人才、善用人才的良好氛围，积极为各类人才搭建平台、构筑人才聚集高地。第二，高校培养阵地建设。2018 年 12 月 12 日，中国白酒学院在四川轻化工大学正式揭牌。作为国内最早培养白酒专业人才的本科院校之一，这里被业界誉为"中国白酒人才培养的摇篮""中国白酒高端人才培养的黄埔军校"。第三，川酒外脑智库建设。中国工程院院士孙宝国、石碧、陈坚等先后与五粮液集团、泸州老窖集团、郎酒集团、川酒集团等头部企业携手，中国传统发酵食品领域的"最强大脑"们不仅带来了白酒产业创新发展的良策，也开启了全面、长期、深入合作的大门，带动川酒产业大批"基础性研究"和"应用型研究"课题深入开展。此外，企业内部也注重与省外高校建立良好合作关系，如五粮液集团在传承中不断创新，持续推进供给侧结构性改革，以技术创新为引领，与北京工商大学、江南大学、四川大学、四川轻化工大学等知名院校开展校企合作，形成了以教授级高级工程师、酿酒大师、白酒大师等为主的专家学术团队。第四，其他方面建设。在活动选拔方面，五粮液集团连续多年承办大学生酒类创新创意大赛，为全国大学生搭建了一个传承、设计、创新白酒技艺的平台，一个培育和选拔白酒人才、构建"产、学、研、用"良性循环生态圈的窗口，不仅使高校的人才培养和社会需求紧密结合，进一步加强酒类人才的培养，还能更好地为酒类产业高质量发展提供支撑；在练兵提升方面，四川省在白酒行业广泛开展酿造、品评、勾调三个重要工种的"大练兵"，已初步构建出具有川酒产业特色、融合名酒企业文化的四川白酒产业"产、学、研、用"人才培养体系。

2021 年 6 月，四川省人民政府办公厅印发《推动四川白酒产业高质量发展的若干措施》，提出"加大人才队伍建设；持续完善人才引进、选拔、培养、流动、激励机制，鼓励国有企业管理部门和产区政府探索给予国有白酒企业在股权、薪酬、分红等方面更大的自主权，充分调动优秀人才参与川酒发展的积极性；推动成立"四川省白酒中青年专家联盟"，加强中青年专家和技能型人才培养力度；实施"百千万"人才培养计划，着力培养百名国家级白酒评委、千名白酒工程师、万名品酒师（酿酒师）等专业技能人才。"政策牵引势必带动川酒人才高地建设，为川酒高质量发展提供更强保障。

1.2 文化、文化产业与产业文化

1.2.1 文化

"文化"是一个非常广泛的概念，含义具有多样性和复杂性。英国文化批评家雷蒙·威廉斯（Raymond Williams）认为"文化是英语语言中最复杂的两三个词之一……因为现在有相当多个截然不同的知识领域和思想体系，都把它当作重要的概念"①。关注文化的内涵与外延，深入理解文化，是认识文化产业和产业文化的基础，更是发展文化产业和产业文化的动力。

1.2.1.1 文化的内涵

文化的概念较为宏观，学界对其下的定义也纷繁复杂，不同的视角下对文化进行解读都有所不同，本书从国内国外两个角度分析文化的内涵。

追溯词源，"文化"一词在中古汉语中已有所应用。"文"原指各色交错的纹理，引申为道理（结构、秩序等）；"化"本义改变，引申为教行迁善之义。《周易》中已可见"文"与"化"的并联使用，"观乎天文，以察时变；观乎人文，以化成天下"，由此而生的"人文化成"是汉语言中"文化"一词的较早形态，可以解释为：用人文的道理来造就人的世界。西汉刘向在《说苑·指武》中，将"文"与"化"二字联为一词写道："圣人之治天下也，先文德而后武力。凡武之兴，为不服也。文化不改，然后加诛。""文化内辑，武功外悠"（《文选·补之诗》）。民国成立之后，国内学者受西方文化思想影响，对文化提出了不同的定义。胡适认为文化即人们的生活方式。毛泽东同志基于马克思主义文化思想，认为文化是经济与政治在观念层面上的映射。文化是一种社会现象，是人们长期创造形成的产物，是一种历史现象，是社会历史的积淀物。确切地说，文化是凝结在物质之中又游离于物质之外的，能够被传承的国家或民族的历史、地理、风土人情、传统习俗、生活方式、文学艺术、行为规范、思维

---

① 威廉斯.关键词：文化与社会的词汇 [M].刘建基，译.北京：生活·读书·新知三联书店，2005.

方式、价值观念等，是人与人之间进行交流的普遍认可的一种能够传承的意识形态。

在国外，文化的英文 culture 由拉丁文 cuiture 和 colere 演化而来，在拉丁文中原指"对土地的耕种和对植物的栽培"，后又引申为"对人精神的培养和技能的培训"。19 世纪中叶，西方完成了文艺复兴、宗教改革和第一次工业革命，人文学科兴起，文化的概念随之具有现代意义。"人类学之父"、英国文化人类学家爱德华·伯内特·泰勒（Edward Burnett Tylor）最早把文化作为具有现代含义的专用术语使用，他在 1871 年发表的《原始文化》一书中，将文化定义为"一个复杂的总体，包括知识、信仰、艺术、道德、法律、风俗以及人类在社会里所有一切的能力与习惯"。德国哲学家海因里希·约翰·李凯尔特（Heinrich John Rickert）认为，"文化"是一个用来区别于"自然"的概念，"自然产物是自然而然地从土地里生长出来的东西。文化产物是人们播种之后从土地里生长出来的"。① 德国哲学家约翰·赫尔德（John Herder）认为文化是"某一社会人类活动的物质的、技术的、智慧的、艺术的诸多方面"②，人类学家爱德华·伯内特·泰勒则在此基础上认为文化不止单单的某一方面，只要是跟人有关的观念、习惯、人造物均属于文化范畴。"文化软实力"概念的提出者约瑟夫·奈（Joseph Nye）则认为文化"是为社会创造意义的一系列价值观和实践的总和"③。《当代人类学》作者哈维兰指出：文化是一系列规范或准则，当社会成员按照它行动时，该行为应限于社会成员认为合适和可接受的变化范围内④。而美国学者埃加德·沙（Edgar Schein）则认为，文化是由一系列假设所构成的模式，它是由组织或团体成员在探索内部组织和外部环境这一过程中发现、形成和创造的。盖德蒙德（Guldenmund）认为文化是一个构造，具有多维性。

---

① 李德顺. 什么是文化 [N/OL]. (2016-12-03) [2023-01-15]. https://epaper.gmw.cn/gmrb/html/2012-03/26/nw.D110000gmrb_20120326_1-05.htm.

② 吴润滋. 赫尔德民族文化思想研究 [D]. 湘潭：湘潭大学，2017.

③ 奈. 软力量：世界政坛成功之道 [M]. 吴晓辉，钱程，译. 北京：东方出版社，2005.

④ 蒋家东. 质量文化研究（上）：概念及结构化分析 [J]. 航空标准化与质量，2000，11 (3): 25-29

关于文化的内涵说法繁多，但都强调以人为本，理解文化就是理解人①。马克思创建的唯物史观中，文化的含义可以从两方面进行理解：第一，通过物质文明和精神文明的总和表征文化的基本内涵；第二，通过实践形态在人类的社会实践中确证文化主体自身②。一般认为，广义的文化等同于人化或社会化的过程，是与自然相对应的概念③；狭义的文化主要指人类精神活动及其产品④。文化是人类社会特有的现象，是社会实践的产物。

1.2.1.2　文化的外延

与文化的内涵模糊性类似，文化的外延也并不完全清晰。一般认为，就文化的内容而言，文化既包括世界观、人生观、价值观等具有意识形态性质的部分，又包括自然科学和技术、语言和文字等非意识形态的部分。要逐一罗列适用于"文化"这一概念的一切对象是不可能实现的，因此，本书从文化的结构层次入手，梳理文化的外延。

英国社会人类学家布罗尼斯拉夫·马林诺夫斯基（Bronislaw Malinowski）将文化结构分解为物质、社会组织、精神生活三个层次，提出了"文化三因子"学说。我国历史学家钱穆提出了"文化三结构学说"将文化结构分为物质的（面对物世界）、社会的（面对人世界）和精神的（面对心世界）三个阶层。文化三结构学说中，文化包括三个层次：一是物质文化，指凝聚着一个民族精神文化的生产活动与物化产品的总和；二是制度文化，指一个民族在生产与生活过程中形成的各种规章制度，包括法律、道德规范和行为准则等内容；三是精神文化，指一个民族共有的意识活动，包括人们的价值观念、思维方式等内容。物质文化是最表层的，也最容易发生变化；制度文化是文化的中间层，具有一定的稳定性；精神

---

① 通过分别溯源"文"与"化"的含义，可见在传统汉语体系中"文化"主要是个动词。文化的核心特征是"以人为本"，李德顺博士在《什么是文化》中，将文化的本质概括为"人化"和"化人"。"人化"是按人的方式改变、改造世界，使任何事物都带上人文的性质；"化人"是反过来，再用这些改造世界的成果来培养人、装备人、提高人，使人的发展更全面、更自由。"化人"是"人化"的一个环节和成果、层次和境界。

② 路向峰，王嘉莹. 走向实践的文化：唯物史观视野中的马克思主义文化理论［J］. 社会科学研究，2022（5）：159-165.

③ 仰海峰. 文化哲学视野中的文化概念：兼论西方马克思主义的文化批判理论［J］. 南京大学学报（哲学·人文科学·社会科学），2017，54（1）：11-18，157-158.

④ 李厚羿. 何谓"文化理论"：一种马克思主义的视角［J］. 马克思主义哲学论丛，2020（3）：226-236.

文化是最深层文化，具有相当的稳定性，一旦形成就很难发生改变。文化三个层次之间的关系是密不可分的，它们相互作用、相互影响，共同构成了一个完整的体系。其中，精神文化是最根本的，它决定着制度文化和物质文化，而制度文化是物质文化与精神文化的中介，物质文化则体现着制度文化与精神文化。

学者们在文化三结构学说的基础上，发展出了文化四层次理论。被誉为"企业文化之父"的美国学者埃德加·沙因（Edgar Schein）于 1990 年提出组织文化①四层次理论，将组织文化分为表层的物质文化、浅层的行为文化、中层的制度文化和深层的精神文化四个组成部分，构成了冰山式的结构。

1.2.2　文化产业

随着经济的发展，人民的生活水平不断提高，对于精神文化的需求日益旺盛，文化产业随之蓬勃发展。2020 年 9 月，习近平总书记在湖南长沙考察调研时指出，文化产业是一个朝阳产业。文化产业在经济和社会发展中的地位和作用越来越重要，目前在许多发达国家，文化产业已成为国民经济的支柱产业之一。

1.2.2.1　文化产业的内涵

联合国教科文组织将文化产业定义为：文化产业就是按照工业标准，生产、再生产、储存以及分配文化产品和服务的一系列活动。文化产业作为一种产业门类，以生产和提供精神产品为主要活动，以满足人们的文化需要为主要目标。

文化产业（Culture Industry，可译作"文化工业"）是西奥多·阿多诺（Theodor Adorno）和马克斯·霍克海默（Max Horkheimer）于 1947 年

---

① 沙因认为，文化是由一系列假设所构成的模式，它是由组织或团体成员在探索内部组织和外部环境这一过程中发现、形成和创造的。把组织文化同领导者联系起来，是沙因组织文化理论的一个重要特点。沙因认为，组织文化是由领导者创造的，领导者最具有决定性的功能之一就是对文化的创造、管理和必要时的破坏。组织的缔造者对文化的创设之所以拥有最大程度的影响，是因为只有他们最关心自己所创建、发展起来的企业，且倾心于种种可以改善组织绩效的可能方式。因此，在文化形成的过程中这个群体的创始人、领导者或是某个有威信的个体或小团体起着决定性的作用。领导者的权威越是有力，其对文化的影响和形成的影响力就越大，烙印也越深，要变革这种文化其难度也就越大。文化是一种将一群人同另一群人区别开来的思维方式，而领袖人物的思维就成为决定性的因素。领袖人物所具有的管理者或领导者的个性特征对组织文化的形成和发展的影响十分深远。

在《启蒙辩证法》一书中率先使用的概念，他们特别强调文化产业必须和大众文化严格区分开来。阿多诺和霍克海默站在艺术和哲学价值评判的立场对文化产业化现象进行了否定性的批判，自此，文化作为一种产业化形态开始正式进入公众的视野，成为学者们的研究对象。法兰克福学派的文化工业理论是西方主流文化产业理论源头。20 世纪 80 年代以后，英国伯明翰大学理论文化研究中心开始了对大众文化和文化产业的研究。各国结合自身文化产业实践和文化产业政策情况，以解决实际问题为导向，进行了文化产业应用研究。目前，西方学者普遍认为，文化产业是以经营符号性商品和信息为主的活动①。就我国而言，2018 年，为深化文化体制改革和持续推进社会主义文化强国建设提供统计保障，我国建立了科学可行的文化及相关产业统计制度，国家统计局颁布、修订的《文化及相关产业分类（2018）》将文化产业定义为"为社会公众提供文化产品和文化相关产品的生产活动的集合"。

就文化产业的属性而言，一是文化产业具有文化的意识形态属性与商品属性的"双重属性"。文化产业的意识形态属性会对社会效益产生影响，而文化产业的商品属性则决定了产业带来的经济效益，社会效益与经济效益相统一。二是文化产业具有朝阳产业属性。习近平总书记阐释了作为朝阳产业的文化产业的科学内涵：①科技对文化产业的大力推进。从国内外文化产业发展的趋势来看，科技对文化的支撑作用已经成为新一轮文化产业发展的引擎，前景广阔。②文化产业的经济效应愈发显著。一方面，科技在文化产业中得到重要运用，文化科技创新取得了一定的进步，反过来进一步促进了文化技术创新。另一方面，科技更好地服务于文化产业，微观方面，增加了文化产品的供给，促进了文化企业向规模化、效益化发展，增加了营业收入，延伸了产业链；宏观方面，科技的运用改变了文化产业生态，使文化产业往市场细分、专业化、特色化方向发展。③文化产业进一步优化、壮大文化艺术类人才市场。文化产业能够发挥"蓄水池"的功能，支撑优秀人才的成长，使优秀人才、专门人才的资源配置更加合理。④我国文化产业发展前景广阔。中华民族悠久的历史、灿烂的文化为

---

① 方永恒，王睿华. 国内外文化产业研究综述 [J]. 西安建筑科技大学学报（社会科学版），2016，35（1）：31-36.

文化产业的发展奠定了深厚的基础①。

1.2.2.2　文化产业的外延

文化产业形成了一个从创意、生产到再生产和交易的过程的巨大产业链条，构建了一个庞大的文化产业体系。

2018年国家统计局颁布的《文化及相关产业分类（2018）》中，规定文化产业的具体范围包括"以文化为核心内容，为直接满足人们的精神需要而进行的创作、制造、传播、展示文化产品（包括货物和服务）的生产活动。具体包括新闻信息服务、内容创作生产、创意设计服务、文化传播渠道、文化投资运营和文化娱乐休闲服务等活动。为实现文化产品的生产活动所需的文化辅助生产和中介服务、文化装备生产和文化消费终端生产（包括制造和销售）等活动。"文化及相关产业被分为了九个大类，分别是新闻信息服务、内容创作生产、创意设计服务、文化传播渠道、文化投资运营、文化娱乐休闲服务、文化辅助生产和中介服务、文化装备生产、摄录设备制造及销售和文化消费终端生产等，在九大类之下还有43个种类和146个小类②。

文化产业中商品价值的重要来源是其文化价值，文化价值的创造是商业价值提升的重要途径。在川酒文化成为川酒产业的重要战略经营内容之一的背景下，川酒产业具有文化产业的属性，在研究过程中应加以文化产业视角的关注。

1.2.3　产业文化

产业文化贯穿于产业形成与发展的始终，关注文化在产业发展中的内驱作用③。提及"产业文化"，业界和学界常常将其视为一个理所当然的概念进行直接引用，而忽略了对其概念的梳理和厘清，为其提供具体的理论支撑和经验支持，存在概念内涵不一致和含义模糊等问题。本书从内涵和外延的角度，对产业文化进行分析。

---

① 任力. 习近平关于文化产业的重要论述：发展脉络、核心要义和理论贡献 [J]. 企业经济，2022，41（8）：5-13，2.
② 国家统计局. 文化及相关产业分类（2018）［EB/OL］.（2018-04-23）［2023-01-15］. http://www.stats.gov.cn/xxgk/tjbz/gjtjbz/201805/t20180509_1758925.html.
③ 刘小龙. 产业文化发展对产业升级的影响 [J]. 北京航空航天大学学报（社会科学版），2020，33（3）：86-91.

1.2.3.1　产业文化的内涵

产业文化可以概念化为有形的产业文化、无形的产业文化和工业生产的产业文化。有形的产业文化包括工业景观和建筑，它们构成了某一地区的工业遗产，通常是保护对象；无形的产业文化包括专业知识、态度、价值观、传统以及工厂以外的相互关联的社会因素；工业生产的产业文化包括制度化的常规和生产模式。这种三位一体的工业文化（有形—无形—工业生产）在空间上受地域限制，但在时间上是动态的。

产业文化的内涵，可以从社会学、人类学、制度理论三个视角进行分析。

（1）社会学视角的工人阶级文化。法国社会学家皮埃尔·布尔迪厄（Pierre Bourdieu）在实践社会学中强调了一种阶级结构，在这种结构中，不同职业体系中的个人也拥有不同的经济和文化资本，并大致区分了主导阶级（工业家、高管）、工人阶级（体力劳动者、农民）、重叠阶级（小企业主、教师和其他人）。工人阶级和其他阶级形成了文化实践和偏好，以象征他们内部的社会相似性和与其他阶级的差异性。

（2）人类学视角的制造文化。20世纪90年代经济全球化的主题下，产业（技术）与文化的辩证关系开始流行。认知人类学家研究了在不同地区和国家的特定文化条件下，制造业中的认知和心理能力如何发展，重点是文化在传统工艺中的作用，或所谓的潜在技能或隐性知识。一些产业制造文化可以将潜在的知识转化为新的创造动力和实用技能。

（3）制度理论视角的工业文化。制度是社会中的基本规则，包括法律法规、惯例习惯、价值观念等。文化常与规范、传统和社会习俗相捆绑，作为非正式或"软"制度的一部分，与正式制度共同构建具体的制度环境。这一视角下的产业文化更关注制度如何影响社会技术变革，或将非正式制度视为新的发展路径。工业文化被理解为制度环境的一部分，可以调动资源并激励企业家创新或改造现有制度，从而巩固了地区的社会资本、加深了企业信任。

1.2.3.2　产业文化的外延

产业文化是一种动态现象，在这种现象中，过去和现在的工业生产被嵌入物理环境、社会结构、认知能力和制度中，可以影响产业的未来发展。产业文化的外延，可以主要从以下五个方面进行认识：

（1）物质方面，侧重工业遗产、建筑、基础设施和特定类型的工业景观。其中值得关注的是，工业遗产被视为品牌振兴的工具，处于文化结构的物质层级。

（2）价值观、偏好和身份认同，与工业生产中涉及的社会阶层有关。它们与日常经验相连，工人们分享的生活方式超越了工场或工厂，超越了家庭和组织，构成了一个集体身份。源自工厂组织的常规价值观往往包括团结、平等主义和父权制，即使在工厂关闭后也能持续存在（残余文化），处于文化结构的精神层级。

（3）隐性知识和技能。它们作为社会文化动态，在工人群体中非正式地共享和传递。它们可能是工艺、制造知识，本土方言，或一种思维方式。它们处于文化结构的行动层级。

（4）规范、规则和习惯，由过去的产业活动而产生。它们强化了日常规范和习惯在时间上成为制度性的嵌入，并使人们抵制改变。它们处于文化结构的制度层级。

（5）产业记忆的经历和故事，从进化的角度认识产业文化的时间维度。在考虑未来选择和形成新的发展路径时，旧的产业活动共享经验和记忆对行动者产生影响。它们处于文化结构的精神层级。

1.3 酒文化与酒产业文化

1.3.1 酒文化

文化在人的认知中是一种被普遍认可的传承性意识形态。文化分为广义的文化和狭义的文化，前者为人类社会中的物质财富和精神财富；后者为人类社会中的意识形态和符合意识形态的制度与组织机构。"酒文化"一词，是由我国经济学家于光远教授于 1985 年提出的。他认为，酒文化被包含在广义的文化当中。因此，文化的概念中含有"酒文化"。

历史悠久的深湛性和继往开来的无限性，造就了酒文化源远流长、博大精深的内涵与外延。因而，当今对酒文化的研究无疑应当首先侧重于对酒文化进行全面而深入的基础性研究，以给出尽可能符合酒文化内生机理特点和带有某种规律性认识的理论体系，以利于在规范酒文化研究的基础上，给不同层次、方方面面具体入微的酒文化研究提供必要的理论规范。

1.3.1.1 酒文化的内涵

具体而言，源远流长、博大精深的酒文化内涵包括酒的生产、流通和消费的全过程。通过综合分析、取舍归纳，酒文化可以分为以下几个方面。

（1）酿酒的历史。有酒而后方可谈及酒文化，酒文化的发展和酿酒历史是密切联系的。关于中国酒的起源，众说纷纭，最早可追溯至距今七千多年前的神农时代，据说那时的先祖已懂得种植酿造酒的原料，史书中有黄帝与岐伯讨论用黍、稷、稻、麦、菽来造酒的记载。然而，早期人类的饮食条件十分恶劣，尚未养成吃熟食的习惯，更谈不上对烹调知识的了解，他们过着饥即求食、饱则弃余的蒙昧生活，对自然界中的酒无法形成正确的认识。只有在懂得使用自然火和学会控制火种之后，原始人类方有余力模仿自然界中的成酒现象，尝试着通过粮食作物发酵来制取酒浆，人工酿酒才成为一种可能。这无疑是一个极其复杂而漫长的过程。至于造酒在我国究竟起源于何时，酿酒技术的发明专利究竟应归功于何人，历来众说纷纭、莫衷一是，有天地造酒、谷物造酒、猿猴造酒等多种说法。如果单从发明人的角度来看待这个问题，最普遍也最广为人知的当属于仪狄、杜康造酒的传说。这个传说，最早见于秦汉时期收集记录古代帝王公卿谱系的书《世本》，"仪狄始做酒醪，变五味少康作秫酒"；晋朝人江统在《酒诰》中亦说"酒之所兴，肇自上皇。或之仪狄，一曰杜康"。

（2）酿酒的技艺。新石器中晚期的农业文明在物资方面为人工酿酒的起源提供了时代契机，而酿酒作为一种专门的生产行业，有逐渐从农业中分离出来的趋势。酿酒生产经验的不断积累、丰富与酿酒生产技艺的不断进步、完善，尤其是我国率先发明了制曲的酿造技术，一举奠定了中华民族在人类酿造技术领域里的领先地位，为人类积累了一份十分宝贵的文化财富，成为世界酿酒史上具划时代意义的里程碑技术。酿酒的原料可分为曲、蘖二种。曲是一种经过酵母菌发酵后含有酿酒菌类的谷物，把这种菌类放入煮熟的谷物中发酵，就可以生出酒来。用不同的含糖谷物发酵，即可制成不同的酒类，这就是曲酿法。"蘖"是一种发芽的谷物，谷物发芽后引起种胚的生化变化，一部分淀粉转化为芽糖。这种芽糖遇到酵母菌即发酵成酒。啤酒的酿制，就是依照这一古老的方法。但是，用蘖酿出来的酒，其酒精含量较低，一般不超过 12 度。因为到 12 度时，酵母就不起作用了。

（3）酒风俗。各个民族在其饮酒历史过程中大都形成了具有自身特色的民族酒和饮酒习俗。江苏徐州有为长者、尊者端杯敬酒的习俗，即敬酒者端起被敬者的酒杯敬酒。蒙古族人民则有唱着祝酒歌敬酒的风俗。酒是人们日常生活与人际交往中的一个重要组成部分，透过酒，人们可以对不同时代、不同社会、不同阶层的礼仪、心态、风尚、思想以及行为规范有所了解。任何一种文化都不局限于物质和行为方式上，还包括更深的文化心理层面。

（4）酒政的变迁。酒政就是国家有关酒的政策和管理。任何一个国家起初对酒的管理，均由自由放任到专卖管理。我国酒政起于禹时"帝女令仪狄作酒"，当时帝禹喝了酒后认为酒会惹祸，为此下令禁酒，不准民间造酒以免因酒误事。酒政是一种酒的次生文化，基本上是一种限制酒业和酒文化发展的副文化现象，从酒政的更替可以看出各个历史时期社会的概况和发展。

（5）饮酒器皿及其演化。饮酒器具的演变也是酒文化不可分割的一部分。通过酒器酒杯可以了解酒的历史、酒的发展、酒文化的璀璨辉煌。千百年来，随着酒的发明和发展，随着社会生产力的发展和提高，酒器的生产也在不断发展变化，产生了种类繁多、璀璨瑰丽的酒器，这些酒器标志着不同的酒文化和工艺水平。从最初的土罐、陶罐，到青铜器、漆器、瓷器、金银器，再到今天的优质陶、瓷酒器，磨砂玻璃瓶，水晶器，酒器发生了一系列的变化。酒器自有其特色，在材质、造型、色彩、书法图案、历史典故、神话传说等方面，有着丰富的文化内涵和独特的艺术魅力。如长沙马王堆汉墓曾出土过一套西汉时期的君幸酒漆耳杯，此套酒杯用漆盒包装，内有八个耳杯，内壁朱红色，外壁黑色，色彩对比鲜明，豪爽热烈。从这套酒杯，可以看出西汉时期的经济状况和社会风貌。

1.3.1.2 酒文化的外延

酒文化指围绕着"酒"这个中心所产生的一系列物质的、技艺的、精神的、习俗的、心理的、行为的现象的总和。酒文化包括酒的起源、生产、流通和消费。酒的社会文化功能，以及酒带来的社会问题也都属于酒文化的范畴。酒文化和其他传统文化之间联系密切，酒文化的发生和发展是受多种因素影响的历史进程。诸如农业发展对于酒文化演变的奠基作用，科技进步对于酿酒工艺的推动，手工业发展对于酒具质地及造型、制式的限制以及自然地理条件对于酿酒业产生的细微影响等，无不体现了酒文化作为人类历史组成部分受其他文化影响而又与其相融合的特点。因此，酒文化的外延主要包括酒文化与其他文化的交集。

酒文化具有鲜明的民族性和时代性，具有对社会生活各个方面发生影响，与其他文化现象紧密结合并发挥作用的强烈的渗透性。具体来看，酒文化的外延主要包括以下几个方面。

（1）有关酒的物质文化。

窖池文化。千年老窖万年糟，酒好须得窖池老。五粮液明清古窖池群由"长发升""利川永"等古传酿酒作坊的古窖池群组成，最早可追溯到明代洪武年间，至今已有六百多年的时间，是中国现存最早、保存完好，且连续使用时间最长的地穴式曲酒发酵窖池。经过六百多年不间断地维护和使用，古窖池中的微生物得以稳定地生长繁衍，形成了多达数百种的有益窖泥微生物群落。它们以糟醅为营养源，以窖泥和糟醅为活动场所，参与了曲酒香味物质的合成和窖泥物化结构的改善，经过长期而又缓慢的生物反应，产生出香味馥郁、回味悠长的复合"窖香"成分，最终赋予了五粮液"香气悠久、味醇厚、入口甘美、入喉净爽、各味谐调、恰到好处"的独特风格。

器物文化。作为酒文化的承载者，酒器的发展，也是文化的发展。商代时，由于青铜器制作技术的提高，青铜酒器开始出现。秦汉时期，青铜酒器和漆酒器并重发展，北方着重青铜酒器，南方着重漆酒器。隋唐时期，饮酒风气更为盛行，酒器发展也更加多样，形成以瓷酒器为主，金银酒器为辅的发展格局。其中，唐代白瓷制作工艺达到较高水平。宋代时期，五大官窑的兴盛生产了大批精美的瓷制酒器，酒器的器型主要有经瓶、杯盏、温碗注子和倒装壶等。明清时期是我国古代瓷酒器发展的鼎盛时期。明代永乐、宣德年间，制瓷业兴盛，酒器的数量和质量都有了较大提升。此时的江西景德镇成为陶瓷的中心，所烧造的白釉、青花瓷器颇为著名，不但享誉国内，而且成为国外贸易的主要商品。与此同时，金银酒器依旧为人们所喜爱。明清时期，由于对外交流发展，玻璃酒器成为人们的新宠。

（2）有关酒的精神文化。

饮酒文化。中国的酒文化一开始就有很强的世俗性和实践性。商周时期饮酒礼的发展成为后代中国酒文化的基础。此后，酒被赋予了社交的意义，成为人们交往的工具，人们往往是"醉翁之意不在酒"。喝酒或为公事洽谈，或为倾诉心事，中国人经常借助酒和饮酒去表达酒之外的事。而西方的饮酒礼仪则表现为一种直线型的思维模式，西方人对待事物，多直奔主题。西方人在饮酒当中把注意力放在酒上，什么场合该喝什么酒，用什么饮酒器，怎么调配酒，在哪儿喝酒，都有明确的要求。尽管酒也有社交功能，但西方人追求如何尽情地享用酒，而不会给饮酒附加太多的意义。

1.3.1.3 酒文化的特征

根据以上酒文化的概述，不难得出关于酒文化的以下特征：

（1）多元多样性。这是由自然界、社会生活和文化需求的丰富性决定的，具体表现在：它已摆脱了萌生时期的形态单一（只有物质形态）、内涵功能单纯（只限于饮用），分解出多元多样的形态、内涵、载体和功能。

（2）开放交流性。交流性表现为中外文化相互渗透、整合。酒文化是一个自我调节的开放体系，具有极强的适应变化能力。每个民族都有自己特色的酒文化，都属于酒文化的组成部分。

（3）普遍适应性。自从酒在观念文化领域从宗教转入审美，便成为个体自我精神解放的重要物质媒介。对每个人内在精神世界的需求而言，它成为个体自我生理和心理放松、解忧或纵乐的重要媒介。它是每个人在日常生活世俗语境中发现和体验人生幸福感或人生美感的重要方式，是每个人走进自我内心、自我释放与自我表达的重要途径。对历代文人而言，它还是饮酒者超越生活，走向艺术殿堂，激发诗情画意的重要媒介，也是用诗情与画意丰富和拓展酒文化内涵的重要手段。于是，酒与艺术，如诗文、书法、绘画、舞蹈、音乐等结缘，最为典型地体现了酒的审美属性和价值。

（4）复合再生性。这是由其适应性决定的。酒文化具有极强的适应性、包容性，因此，它能迎接一切本国的和外来的、传统的和现代的、本行业的和外行业的文化挑战而不断地分解和整合，如药酒、酒令、节日用酒、酒礼、酒祭、酒祈、酒禳、酒占就是酒文化与药文化、文艺、法律、游戏、节日文化、礼文化、巫文化、民俗文化的结合。酒文化发展永远是处在这种组合型的文化运行之中，追踪不同时代、不同地域、不同民族、不同行业的文化生活，不断地复合再生新型的文化形式和文化心态。

（5）传统继承性。酒文化是不断演变发展着的，但是不管怎样变，都是"万变不离其宗"，这个"宗"就是它的传统继承性，体现为民族性和地方性，表现为民族精神和地方特色的升华。这种传统继承性本身就是在融合各种文化成分的适应、创造过程中逐渐形成起来的一定的定向运动型文化积累，被全民族所承认接受，成为生活依归的自然准则，包括外化的物质创造和内含的心态观念。

1.3.2 酒产业文化

1.3.2.1 酒产业文化的内涵

习近平总书记强调："一个国家、一个民族的强盛，是以文化兴盛为支撑的，中华民族伟大复兴需要以中华文化发展繁荣为条件。"一个国家需要文化作为支撑，酒类产业同样需要文化推动其持久发展。美酒醇香，传承千年，酒产业文化扎根于传统文化，与酒产业的发展息息相关、一脉相承。产业文化是文化的子集，酒产业文化则是以酒产业为主体，在酒产业的发展中累积并延伸出的文化。酒产业文化既具有文化的一般属性，又具有酒产业发展过程中所形成的特殊属性。酒产业文化是将酒产业与酒文化结合在一起，阐释两者的关系与影响作用。酒产业是生产酒作为产品的所有企业的集合。酒文化是指酒在生产、销售、消费过程中所产生的物质文化和精神文化的总称，包括酿造科学、艺术、习俗、饮酒方式等内容的整合。本书借鉴余祖光对产业文化的定义，引申出酒产业文化的定义。酒产业文化是酒产业在长期生产劳动与实践中形成的，并被普遍认可和遵守的酒产业的习俗、规范、制度、准则和价值观，以及蕴含于产品和服务中的历史、艺术、品牌、质量等物质文化和精神文化的总和[①]。

在我国，中国酒文化是伴随中国农耕文化而生的，中国上下五千多年的历史，起源于农耕文化。农耕文化的核心就是祭天祭祖，所以白酒文化是伴随着农耕文化而诞生的。从这个意义上讲，中国的酒文化历史悠久且源远流长，文化对酒产业的影响至关重要，酒产业的发展潜力来源于文化的积淀与底蕴，酒产业文化引领行业的发展。酒产业文化在酒文化中融入产业自身的解读，融入酒产业与品牌的特色。中国的酒文化伴随产业发展，在酒产业的发展中逐渐丰富酒文化，在酒文化中增添产业的属性，衍生出了酒产业文化。我国的酒产业文化具有重要的文化价值，渗透人们生活的各个领域，赋予了更大的社会内涵。

---

① 余祖光. 产业文化育人：理论探索与教育实践［M］. 北京：高等教育出版社，2016.

在四川，川酒文化悠久深厚且独具特色。从物质资源的角度来看，由于四川自古就有相当丰富的水资源，造就了川酒的醇香。从历史发展的角度来看，在代表古蜀文化的三星堆遗址中，曾出土有四千年前的大量酒器，此时陶制的酒器，能说明蜀人酿酒饮酒已然成风，亦能让人联想到古蜀民的浊酒鱼香。南宋时期，川酒就已经成为蜀地的经济支柱，加上四川丰饶富足、气候宜人，酿酒作坊遍地丛生，为后人留下了大量的酿酒遗址。千百年来的川酒产业兴衰更替轮回，造就了独树一帜的川酒产业文化。文化是川酒产业的核心竞争力，是川酒产业的灵魂，更是企业发展的不竭动力。川酒产业文化作为一种软实力难以量化为可视化的数据，我们可以从营销数据中窥见一二。2021年，川酒在产量、营收、利润等方面，在全国的占比分别为50.9%、53.8%、38.5%，无一不占领先地位。从数据可见，无论是川人善酿的深厚历史，还是如今川酒产业的品牌、产品和消费与文化建设始终处于行业前列。

1.3.2.2　酒产业文化的外延

酒产业文化将酒产业与酒文化连接起来，它以酒产业为基础，并且在产业发展的过程中展现出相关的精神、行为、制度、物质等方面的文化现象，对提升产业生命力具有重大作用，具体可分为物质、行为、制度、精神四方面的内容①。

（1）物质类酒产业文化。物质类酒产业文化包括酒的生产文化与产区文化。酿有时节，造有工序，方成好酒，酒的酿造文化充分地展现了天时、地利、人和的魅力。一壶好酒是谷、水、阳光、风土、人的合力，所谓酿酒要讲究"天时、地利、人和"，同时也需要具备"五绝"，才能酿出好酒。酿酒的"五绝"指酒的水、粮、曲、窖、技，"五绝"与一壶好酒的酿造息息相关，这其中蕴含的意味，不只是体现酒与自然生态的关系，更是体现出好酒酿造的道法自然。白酒在酿造过程中更是发展出不同的独特工艺，各具特色。生产酒的智慧，造就了酒产业文化中匠心独运的酿造文化。物质类酒产业文化不仅体现在生产过程中，酒的包装、形象标识等也是物质类产业文化的组成部分。

产区文化是指酒产区的发展与地理位置、酿造资源、气候条件等有关，产区也就慢慢形成了一种天然的酒产业文化，形成了口碑效应。例

---

① 郭鉴. 产业文化内涵浅析 [J]. 沿海企业与科技, 2007 (2)：166-168.

如，有中国白酒黄金三角之称的宜宾、泸州、遵义合围地带，形成了代表高品质的白酒文化[①]。

（2）行为类酒产业文化。行为类酒产业文化是酒类企业在产业营销、产业叙事、产业合作、产业融合等方面体现出的产业文化。产业文化不仅是一种宏观的精神与价值，也来源于酒类产业的具体行为中。酒类品牌之间的联名 IP、活动举办、数字技术等具体行为，都是展现产业文化的重要途径。酒产业文化蕴藏在具体的产业活动中，多元的切面展现了立体的产业形象，为酒产业文化提供了丰富的资源。

（3）制度类酒产业文化。在 2021 年的中国国际酒业发展论坛上，中国酒业协会理事长宋书玉正式发布《中国酒业"十四五"发展指导意见》[②]（下文简称《指导意见》）。《指导意见》明确了"十四五"中国酒类产业的 13 个主要目标，为我国酒类产业的发展做出了顶层规划：在产业结构上，打造"世界级产业集群"，建立产业新格局，培育经济新的增长点；在品牌培育上，实施"世界顶级酒类品牌培养计划"，有效推进中国酒业民族品牌形象提升，推动中国酒品牌走出国门、走向世界；在文化普及上，打造"世界级酒文化 IP"，将中国白酒传统酿造遗址和酿造活文物申请世界文化遗产，酿酒技艺申请世界非物质文化遗产；在社会责任上，打造"世界级公益品牌"，将全国理性饮酒宣传周打造成享誉全球的公益品牌，影响酒类消费人群达 5 亿人次以上。明确的政策导向为酒产业的未来发展提供了方向，从《指导意见》的内容可以看出，酒类产业制度十分重视文化的发展。不仅如此，从文化宏观视角反观制度，制度本身也是构成酒产业文化格局的重要一环。

（4）精神类酒产业文化。精神层面的酒产业文化不仅需要迎合时代特征下呈现出来的酒文化诉求，更应当唤醒潜在的消费者对产品与消费过程的文化意识。精神类的酒产业文化包括企业文化、品牌故事、历史等。在酒产业发展过程中，展现出了工匠精神与社会责任，呈现出酒企业的独特文化与品牌故事，是酒产业文化的重要组成部分。在几千年的漫长发展中，酒产业的发展与历史文化水乳交融，演变成文化底蕴浓厚的符号的载体，在人们生活中发挥不可替代的作用。

---

① 郑刚强，陈则澜，孙嘉伟. 设计驱动中国白酒文化与白酒产业融合发展路径研究 [J]. 艺术与设计（理论），2022，2（3）：34-36.

② 四川日报. 中国酒业"十四五"发展指导意见 [R]. 泸州：中国国际酒业发展论坛，2021.

1.3.2.3 酒产业文化的内在逻辑

（1）酒产业对酒文化的作用。产业文化的主体是代表先进生产力的企业群体、与产业文化密切相关的教育和科技机构、关心产业文化的社会群体以及来自这些方面的个人[①]。产业文化的主体是研究产业文化运行规律的前提。对于酒产业文化而言，酒产业是这一概念的主体。酒产业的发展对于丰富和加强酒文化具有深远的现实意义。酒产业的发展从时间和空间两方面延伸了酒文化。

从纵向的时间纬度来看，酒文化的历史悠久，根源于中国传统历史文化，经过了几千年的累积，形成了独具特色的酒文化。在人类社会文明发展的历程中，酒对政治、经济、文化、科学技术、社会心理、民风民俗等方面都产生了不可磨灭的影响。历史是酒文化的底蕴，酒产业的发展是在现实与未来的纬度为酒文化增添了时代价值。如今，酒产业的快速发展已经成为地区的支柱产业，酒产业的发展与创新成为酒文化的新内涵，为酒文化带来了全新的解读。

从横向的空间维度上看，酒产业的扩张趋势显现，不仅涉及酒文化相关内容，更涉及旅游业、农业等各种相关产业。酒产业已经渗透进社会生活的方方面面，如酒与制度文化、酒与文学艺术、酒与社会风俗等。酒成为人们社交与表达情感的工具，牵连出更大的社会意义。酒产业文化涉及的理论较多，不仅有文化研究，更有产业经济学、管理学、传播学等各种内容。因此，要研究酒文化及其相关理论必须对相关学科和内容都有所了解，才能为酒产业文化的研究打下基础。如今，酒产业的发展呈现出融合趋势，致力于通过酒产业的发展为带动其他产业复兴，实现行业价值共享与利益最大化。在产业的交融中，酒文化也探索出了新的意义，扩大了酒文化的影响范围。

（2）酒文化对酒产业的作用。没有文化内涵的产业无法长久经营，因此必须从文化层面去推动酒产业发展，使酒产业彰显特色，提升产业发展的生命力。随着酒类消费需求越来越趋向多元化、理性化和个性化，酒类产业也更加注重酒文化的巨大作用，酒文化正在成为中国酒业发展的新动

[①] 栾学钢. 产业文化的形成、发展及其教育价值：评余祖光著《产业文化育人——理论探索与教育实践》[J]. 濮阳职业技术学院学报，2018，31（6）：109-112.

能。《中国酒业"十四五"发展指导意见》①指出："积极构建中国酒文化体系，通过对酒文化的挖掘、梳理、传承、创新和弘扬，揭示酒文化的深厚底蕴和精神价值。"在我国，酒业发展的历史源远流长，至今已有千年的历史。酒文化已经成为我国传统文化的重要组成部分，"无酒不成席"已成为我国礼仪的一部分，酒文化已经潜移默化地融入了中华儿女血脉传承，它能唤起全球炎黄子孙的民族认同感。从酒文化的发展来看，我国酒产业拥有得天独厚的条件，作为一种文化传承，推动着酒产业的接续发展。

酒文化中包含酒的制法、品法、作用、历史、习俗等文化现象，文化的沉淀为酒产业提供了较好的发展环境。在酒产业不断商业化的道路中，文化传承仍是产业的重要宗旨，酒文化是推动产业发展的动因与生产力。酒文化的传播助力酒产业发展，传播酒文化不仅是将酒作为一种特殊的文化载体，传播人类社会文明与传统历史，同样也是酒产业的文化名片。在文化传播的同时，还要注意丰富酒产业的价值与意义，提升社会对酒产业的认同度，塑造酒产业的整体文化形象，为产业的可持续发展赋能。

（3）酒文化与酒产业的双向奔赴。从产业与文化相互作用可以看出，酒产业的发展可以带动酒文化的发展，酒文化的发展可以丰富酒产业的内容，两者相互吸收又相互转化。酒产业与酒文化是双向互动的关系，两者共融共生。酒产业文化是酒文化与酒产业的双向奔赴的产物，酒产业是酒产业文化的主体，酒文化是酒产业文化的基础。酒文化与酒产业的相互促进，体现了产业与文化结合的必要性。"酒文化产业"和"酒产业文化"都是酒文化与酒产业相互促进的产物。

然而，"酒文化产业"的发展更快更早，其重心落在了"产业"上。在文化产业的语境下，"文化"并不是目的，而只是"产业"的经营内容。"酒文化产业"这一概念的消费性质和经济属性更为突出，与其他产业的内涵一样，是产业行列中的一员。在"酒文化产业"的泛滥和遮蔽下，以"文化"为重心的"酒产业文化"鲜少被关注。对于历史悠久的酒产业而言，仅靠"酒文化产业"显然不能承担起传承酒文化的重要使命。著名经济学者厉无畏教授认为"忽视产业发展的文化因素和文化竞争力，是我国现阶段产业发展的软肋""产品的经济价值越来越取决于以文化为底蕴的

---

① 四川日报. 中国酒业"十四五"发展指导意见［R］. 泸州：中国国际酒业发展论坛，2021.

观念价值"①。基于"产业文化"的视角，我们更应该拨开产业本身的迷雾，关注产业在发展与演化中积淀出来的文化。"酒产业文化"是在酒产业的经济活动中注入文化内涵，使产品人格化，它是酒产业领域的人文理念、制度、行为习惯等的体系性表现。酒产业具有悠久的历史与深厚的积淀，因此酒产业要避免过度商业化的趋势，注重其社会与文化效应。产业与文化两者的互动关系，决定了酒产业要坚持产业文化效应和产业经济效应相结合的原则，这样才能朝着更好的方向走下去。

---

① 厉无畏，王玉梅. 论产业文化化 [J]. 科技和产业，2004（4）：8-12.

2　软实力与文化软实力

2.1　软实力

2.1.1　软实力的文献综述

1990 年，哈佛大学教授约瑟夫·奈首次提出了"软实力"的概念，随之在学术界引起了广泛关注。"软实力"这一理论概念提出的社会背景是在 20 世纪 80 年代末至 90 年代初，大国博弈成为国际竞争新特点，"美国衰落论"的质疑声不断出现。为了有效地回应挑战，约瑟夫·奈分析文化、意识形态与制度等方面的软实力，搭建评估国家综合实力的理论框架，丰富了以往以军事、经济等硬实力为主的国家综合实力分析范式。此后，软实力理论在各个国家、各个行业得到广泛应用。从概念的发展历程来看，"软实力"概念的提出与演变经历了三个主要阶段。

第一阶段（1990 年以前），从新旧时代更替中的权利变化窥见软实力的重要性。1989 年出版的《注定领导世界：美国权力的演变》① 一书中，美国学者约瑟夫·奈把软实力界定为几个方面：文化的吸引力、制度的吸引力、掌握国际话语权的能力。约瑟夫·奈从新旧时代更替的背景入手，探索权利变化以及由此带来的挑战。约瑟夫·奈对"软实力"的概念进行了系统、清晰的阐释。约瑟夫·奈认为，一国的软实力主要来源于三种资源：该国的文化、该国的政治价值观以及该国的外交政策。

---

① 奈. 注定领导世界：美国权力的演变 [M]. 刘华，译. 北京：中国人民大学出版社，2012.

第二阶段（1990—2000年），筑牢基础理论，夯实研究根本。约瑟夫·奈出版了《软实力：全球政治的成功之道》①一书，致力于完善软实力基础理论的研究。约瑟夫·奈对软实力与硬实力的区别、软实力从哪里来、世界政治环境中的软实力大棋局、如何施展软实力以及软实力如何影响外交政策五个基本问题进行深入分析，丰富了软实力的理论研究。为了软实力理论的长远发展，约瑟夫·奈所提出了软实力理论框架，为后续研究提供了方向。这一时期的软实力理论为美国的国家利益服务，部分学者们探究如何利用软实力稳固美国在国际上的地位，其他学者们也致力于完善这一理论，在软实力基本理论构架上做了一些尝试性的研究。路易斯·凯尔索（Louis Klarevas）解释了软实力在国际事务中所发挥的功能，指明软实力在处理国际事务方面显示出极强的生命力，软实力在处理国际关系上影响到了世界的各个领域，包括经济、政治、文化、体育等。信息革命和全球化改变了国家关系的本质，创造了软实力讨论区域。

国内相关研究方面，黄苏（1991）为我们分享了三种估价美国实力地位的观念与方法，他从逆差、债务、软实力三个方面剖析美国的实力地位②。沈骥如（1999）认为一个国家的综合国力包括"硬实力"和"软实力"③。但是，社会对"软实力"的认识明显低于对"硬实力"的认识，实际上"软实力"同样会影响国家的盛衰。沈骥如提倡不能忽视增强我国软实力，要努力加强精神文明建设。

第三阶段（2001年至今），扩展研究范围，深入应用研究。在这一时期，学界将研究的重点转向对软实力的应用研究。在这一阶段，学者对软实力的应用研究主要集中在政治领域、文化领域的相关内容，关注的热点是国家如何运用自己的软实力保持国际地位，也有一些区域与产业的软实力研究。松田武以"政府—基金—大学"为基点，出版了他的专著《软实力及其危险性：美国在战后早期日本的文化政策及永久依赖》④，运用软实力和领导权相互替换的概念描述了美国权力的本质，并强调美国教育和文化环境也是美国实力很重要的表现。约书亚·科兰兹克（Joshua

---

① 奈. 软实力：全球政治的成功之道 [M]. 北京：东方出版社，2004.
② 黄苏. 怎样估价美国的经济与实力：逆差、债务、软实力剖析 [J]. 世界经济，1991（11）：56-61.
③ 沈骥如. 不能忽视增强我国的"软实力" [J]. 瞭望新闻周刊，1999（41）：12-13.
④ 松田武. 战后美国在日本的软实力：半永久性依存的起源 [M]. 金琮轩，译. 北京：商务印书馆，2020.

Kurlantzick）对中国的外交政策等软实力做了比较深入的研究，认为中国的软实力正在改变世界的格局，尤其是对美国在东南亚的影响和力量。中国目前软实力的魅力攻势，主要在于赢得国外认可并达到中国政府所希望达到的具体目标。马志强（2001）将软实力的范围缩小到城市区域，他认为软实力竞争现在正是国际关系中的一个新动向，也是国内区域发展和城市化进程中的一个极重要的问题。他通过一系列的论述证实，软实力较强的城市其城市化发展的态势往往较好，竞争力也较强，对外的影响力也较大，而软实力较弱的城市其经济也往往较落后，对外影响力也较小，其竞争力也较弱①。张伟，刘宝存（2022）将软实力与教育结合起来，分析在全球竞争的时代下教育软实力的内涵、挑战与因应②。

2.1.2　什么是软实力

约瑟夫·奈将软实力界定为："一个国家所具有的文化与意识形态领域的吸引力，这种吸引力可以通过吸引而非强迫性的方式达到期望的结果。"软实力概念的提出经历过数次的反思与深化。首先，在软实力概念被提及之初，约瑟夫·奈认为软实力主要由文化、国家的社会制度、政治价值观、国家凝聚力等因素构成，并最终得出结论：软实力起到同化作用，硬性权力起到指挥的作用，这两种权力对于国家来说都十分重要。随后，约瑟夫·奈对软实力的概念进行了修正，认为软实力是一个国家吸引他国的能力，源于其文化、价值观、国内实践及其被视为具有合法性的外交政策。他不仅重申软实力主要由文化、政治价值观及外交政策所构成，而且强调制度、思想等无形因素同样与软实力密切相关。因此，软实力不使用强迫、威胁等武力手段，而是依靠文化、价值观等无形吸引力使对方的行为符合自身的战略目标③。

从本书的具体语境来看，软实力并不是独属于国家范围的力量，而广泛适用于区域、行业、产业、品牌等主体。本书结合学者约瑟夫·奈的概念，应用属加种差定义法对软实力进行界定，认为软实力是实施主体通过文化、政策与意识形态达到预期效果的能力。

---

① 马志强. 论软实力在城市发展中的地位和作用 [J]. 商业经济与管理，2001（4）：28-31.
② 张伟，刘宝存. 全球竞争时代的教育软实力：内涵、挑战与因应 [J]. 清华大学教育研究，2022，43（1）：87-95.
③ 冯建平. 软实力对美国联盟体系作用 [D]. 北京：外交学院，2022.

2.1.3 软实力的构成要素

继软实力理论之后，约瑟夫·奈又提出了"元软实力"的概念，元软实力指那些能够产生软实力的资源要素，即"软实力资源"。因此，在进一步论述前，我们有必要对软实力及软实力资源这两个概念进行区分。软实力是一种"力量"，是已经实现的国家、地区、行业的文化、政治、价值观等对公众的吸引力和说服力，侧重其效果层面。而软实力资源则是"指国家、地区、行业有可能转化为现实软实力的若干基本要素"。软实力资源要通过一定的中介和工具才能转化为软实力。因此，我们需要通过分析软实力的构成要素来更深入地了解软实力的资源，软实力的结构可以细分为宏观、中观、微观三个层面，软实力的构成要素见图2-1①。

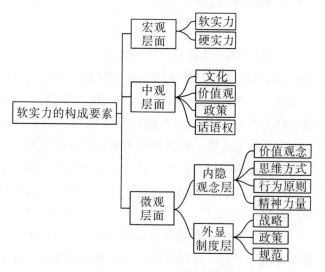

图 2-1 软实力的构成要素

（1）从宏观层面上来看，软实力与硬实力共同构成领导力，两股力量相互制约、相互协调，是领导力的重要组成部分。软实力的概念是相对的，硬实力是软实力的对立面，硬实力指国土资源、经济总量、军事力量等现实物质力量及其对外强制的能力②。硬实力与软实力既紧密联系，又各司其职。它们不是简单的加减关系，而是相辅相成、相互制约与协调的

---

① 肖雪龙. 广东传媒与提升本地文化软实力研究 [D]. 广州：华南理工大学，2011.
② 魏恩政，张锦. 关于文化软实力的几点认识和思考 [J]. 理论学刊，2009（3）：13-17.

关系。硬实力是软实力的有形载体、物化，而软实力是硬实力的无形延伸。在全球化浪潮、信息革命和网络时代的大背景下，硬实力的重要性显而易见，硬实力通过现实力量扩大影响；而软实力则具有超强的扩张性和可传播性，可以通过传播的方式扩展时间、空间，将历史与现实结合，打破时空的隔阂，扩大对人们的行为与生活的影响。约瑟夫·奈将软实力与硬实力的有效结合称为"智慧力"（Smart Power）。他将智慧力定义为将软实力和硬实力结合成有效的政策的能力。两种力量在智慧力中的比重是不确定的，需要根据具体的环境来确定。因此，要在动态协调中平衡两种力量之间的关系，在社会环境变化中不断调整战略，才能扩大影响力。现实社会中，软实力与硬实力缺一不可，没有其中任何一种力量，都会使得智慧力失衡，影响权力实施主体的声誉。

（2）从中观层面上看，约瑟夫·奈将国家软实力的主要来源分为具有吸引力的文化、得到普遍遵循的政治价值观、被视为合法且享有道德权威的外交政策和国际制度领域的话语权。根据约瑟夫·奈的分类，我们可以提炼出中观层面软实力的构成要素，分别是文化、价值观、政策与话语权①。四个要素之间相互影响，相互交融，形成稳定的互构关系。这四个要素对内形成了价值观，传播优秀文化，树立良好形象，提高价值观的说服力、预见力、指导力，提高受众的认同感；对外形成有效的政策，稳固话语权与地位；在国际协调统一后，形成议程塑造能力和国际范围的话语权。

文化是软实力的核心要素，是指社会人在实践活动中产生的共有观念。文化是人类社会中达成共识的价值观念，作为一种无形因素在软实力构成中起到了重要的作用。文化表示的是从历史上流传下来，存在于符号之中的意义模式，是以符号形式表达的概念系统，借此人们交流、保存和发展对生活的知识和态度②。从广义上讲，我们认为文化包括人类社会历史上创造的物质财富和精神财富。从狭义上讲，我们认为文化是社会意识形态，包括思想、政治、立法、道德、艺术、宗教和科学。无论从哪个角度看，文化都不是一个静态的实体，而是一个动态的过程。在文化视阈下，文化所面对的对象广泛，不仅是表达、交流与传承，更是多种要素融合的大舞台。在文化的舞台上，政治、经济与意识形态等权利不断较量，

---

① 冯建平. 软实力对美国联盟体系作用 [D]. 北京：外交学院，2022.
② 格尔茨. 文化的解释 [M]. 韩莉，译. 北京：译林出版社，1999.

不断争夺指导权。文化已经成为国际的战场，在国际上多种政治主体为争夺文化主导权而互相角逐，在文化之间的巨大间隙内产生冲突，在多种文化的同心圆中达成国际共识。

价值观是软实力结构中的基础，并且对软实力的生成起到了重要的作用。价值观是基于人的思维感官而做出的认知、理解、判断或抉择，是人认定事物、辨别是非的一种思维或取向，从价值观中可以体现出人、事、物的价值或作用。价值观具有稳定性、持久性、历史性、选择性、主观性与动态性的特点。对于个人而言，价值观更具有主观性，是根据个人内心的尺度进行衡量和评价的。价值观对动机有导向的作用，同时反映人们的认知和需求。对于组织而言，价值观是组织内的共识与价值取向，是组织对其内外环境的总体评价和总体看法。对于社会而言，价值观是在长期的整合与消解之中形成的社会共识与理念的价值体系①。社会价值观是回顾、观察、预见一个社会发展水平的标尺之一。价值观作为多种观念的综合，是由多种意义与价值融合沉淀而来，发散到社会、政治、思想等各个领域，形成内在的关联性与逻辑的统一性。不同的领域与形式却殊途同归，是由价值观作为纽带连接不同领域，保持着相互支撑与补充的关系。价值观不是一成不变的，而是在环境的变化中不断生成共识，规范人们的行为与动机。价值观是软实力的基础与前提，只有做到价值观的统一，才能提炼文化价值，不断生成规范政策，扩大影响力与传播效果。可见，价值观具有普适意义与共识作用，对价值观的认同是认同政策的前提，且政策的合法性也会得到增强。然而，如果价值观没有得到认同，那么目标的制定不仅会受到阻碍，而且目标达成的可能性也会大大降低，从而对软实力造成损害。

政策是软实力的重要来源之一，是文化的外在表现形式。政策指为了实现自己所代表的阶级、阶层的利益与意志，以权威形式标准化地规定在一定的历史时期内，应该达到的奋斗目标、遵循的行动原则、完成的明确任务、采用的工作方式、采取的一般步骤和具体措施。政策本质上是阶级利益的观念化、主体化、实践化的反映。政策具有合法性、道德权威性和可表述性。合法性指政策能够被公众认可、接受、遵从和推行，具有合法性的政策被公众认可、接受、遵从和推行的过程就是政策的合法化过程。

① 挂云帆. 关于文化与价值观的关系 [EB/OL]. (2021-12-01) [2023-01-15]. https://www.guayunfan.com/lilun/392879.html.

任何一项政策都需要经过合法化的过程，否则它就不可能具备合法的特征，也不能发挥政策应有的作用。想要保证政策的合法性，就要保证政策主体、政策程序、政策内容的合法性。提高政策主体的综合素质是提升政策合法性的关键，完善决策程序及相关制度是提升政策合法性的前提，加快完善政策内容的全面性，搭建第三方监督机制是提升政策合法性的根本，扩大参与范围是提升政策合法性的保证。政策的道德权威性取决于政策实施的效果。道德权威性指政策具有使人发自内心信服的力量、极强的公众影响力和威望，让人们对其产生高度认同感、自愿的服从和支持的一种性质和状态。要想在一定范围内形成合理的秩序，就需要相应的政策来调整和解决，政策的权威性极大地影响着这些问题解决的程度和效果。因此，必须重视和提高政策的道德权威性。政策具有可表述性，就其表现形态而言，政策不是物质实体，而是外化为符号表达的观念和信息。它由规范化的语言和文字等表达手段进行表述，精炼的语句便于政策的落地。政策是软实力的来源，以规范化的形式为软实力的实施提供遵循。

话语权是软实力的重要体现，是社会地位与权力的表现。约瑟夫·奈在《注定领导世界：美国权利性质的变迁》一书中明确指出，"建立于己有利的、主导国际政治活动的一整套规则和制度的能力是权力的重要来源"，"当国家能够建立在国际制度领域的话语权，可以主导和影响国际规范制定和国际制度议程制定时，就可以对其他国家的政策制定倾向产生影响，其追随国对于利益认知也会因此而发生变化。"话语权也称说话权、发言权，指说话和发言的资格和权力。这样的话语权往往同人们争取经济、政治、文化、社会地位和权益的话语表达密切相关。话语权可以表现为议程设置的能力，在议程设置中占据的地位是话语权的重要考量。议程设置的能力是话语权的内涵，可以广泛地理解为相关行为主体围绕特定的目的，通过主动的议题选择界定、冲突拓展和利益动员，适时选择议程切入点，有效吸引社会的关注，最终使其纳入社会议程之中，并使舆论向有利于己的议题中选择与倾斜。话语权可以表现为社会舆论的控制工具，它可以通过信息选择、汇聚关注、纠偏排异等功能对社会产生影响，引导控制舆论。通过在社会环境中主导话语权，吸引公众了解传播内容，关注议程设置的问题，产生先声夺人的效应。在舆论主导的过程中，构建文化体系，吸引公众参与，扩大文化传播效果。话语权可以表现为社会意识形态工具，作为一种信息传播主体潜在的现实影响力。西方马克思主义者葛兰西较早从意识形态的角度关注话语及话语权的问题，他认为，"社会集团的领导作用表现在两种形式中——在统治的形式中与'精神和道德领导'的形式中。"前一形式表现为上层建筑的国家机器，后一形式体现为话语权。"话语意味着一个社会团体依据某些成规将其意义传播于社会之中，以此确立其社会地位，影响社会意识形态，并为其他团体所认识的过程。"

文化、价值观、政策与话语权，四个要素共同构成中观层面的软实力，它们是软实力中不可分割的组成部分。文化是软实力的核心要素，其在社会发展的进程中不断沉淀升华，在社会认同中内化为价值观，形成社会共识与理念的价值体系。为了形成权威的社会规范，文化在达成社会共识后外化为政策，成为实施软实力的合理程序。在政策不断合理化的过程中，价值观不断深入主体的权威性，其议程的塑造能力不断增强，社会中的话语权也就不断扩大，形成了主体的软实力。

（3）从微观层面上看，软实力包括两个层面和两种形态：一个是内隐的观念层面，它包括价值观念、思维方式、思想理念、精神状态或行为原则等形态，可称之为观念性文化；一个是外显的制度层面，该层面属于一种社会性的文化约定，或者说，是文化的社会化实现，它表现为战略、政策、规范、规则等形态，可称之为制度性文化。在这两种文化中，观念性文化比制度性文化更根本，前者是原生性的，后者是衍生性的。观念性文化与制度性文化之间相互制约相互影响，前者是源，后者是流；前者是体，后者是用。但这两种文化都属于资源实力，而且它们既不具有威慑性，也不具有报偿性，而是魅惑性的，都是资源实力中的软实力①。

2.1.4 软实力的主要特征

软实力的实施主体通过文化、政策与意识形态方面的能力达到预期效果。软实力的特征可以从"软"与"力"两方面属性来梳理。

从"软"属性的角度来看，软实力强调通过传播文化、政策与意识形态等方面内容，区别于硬实力的强制性，软实力的实施是在潜移默化中进行的。总结来看，软实力具有无形性、渗透性、综合性和发展性的特征。

（1）无形性指非物质性的、抽象的内涵性实力。软实力是一种无形的吸引力，能够在潜移默化中吸引、影响和同化他人。区别于硬实力看得

---

① 魏恩政，张锦. 关于文化软实力的几点认识和思考 [J]. 理论学刊，2009（3）：13-17.

见、摸得着的支配性实力，软实力难以通过物质手段表现出来。软实力是通过精神和观念去吸引、劝诱和说服别人相信或认同其价值观念和政策准则，以产生追随力量。文化的吸引力、价值观念的影响力、政治的合法性、组织的凝聚力、形象的亲和度等都属于无形的实力。软实力难以明确计量，没有物理空间的呈现方式，也很难简单地用文字和数据来表达，人们往往通过主观意识进行评价和判断。虽然软实力是无形的，但它可以通过感知、传播、共识等方式影响人们的认知。这种认知是根本的，这种无形的软实力也为社会的长远发展指明方向，在发展中获得更大的发展。

（2）渗透性指软实力是通过吸引、说服、引导等手段，将自己的观点、愿望潜移默化地传递给对方，让受众自愿地接受和改变其自身想法，并在潜移默化中逐渐发展、提升。软实力可以通过文化、价值观和政策等影响和吸引、同化人们的认知，达成社会共识。软实力产生影响是通过潜移默化的方式，渗透在社会的各个要素中。与此同时，软实力会持续不断地、渗透式地在人们的思想层面发挥作用。它通过同化和吸引的方式，让受众去做软实力实施者想要做的事情。可见，软实力可以利用文化的魅力不断地渗透进不同的群体与组织，渗透到不同的行为主体身上，使之产生凝聚力、向心力，从而转化为硬实力。这也意味着，软实力的发展需要一个长期的过程，其产生的影响也是在潜移默化中进行的，软实力不像硬实力那样效果立竿见影。软实力渗透于政治、经济和军事等领域，但是软实力是更深、更广的力量，且软实力的影响一旦形成，就不容易改变。软实力自身的传播力也很强，特别是在信息高速发展的时代，软实力的传播给人们的生活带来了巨大的潜在影响。

（3）软实力的综合性体现在软实力的来源、要素以及影响范围。从软实力的来源来看，其来源于主体本身、经济、文化、历史、时间、环境等多个方面，是社会中多种因素的综合体。软实力区别于硬实力的物质性，人们难以全面捕捉到软实力的形成路径。在现实环境中，软实力来源于多种要素的综合影响，是文化、价值观、政策等在代际或者群体间的累积。从软实力的要素来看，其全面性表现为要素之间的相互制约，在密切关联与相互影响的过程中，形成了一个整体。软实力的发展不能只注重一个或几个方面，不然很难达到综合全面的效果。软实力的各个要素不是彼此孤立的，不仅要以分布式思维关注软实力的各个要素，还要以整体的眼光，注重要素互动的整体效果，发挥软实力的整体作用。软实力各要素间紧密联系，相互影响。软实力的形成、相互转化是在各要素间的相互作用中产生的。从软实力的作用范围来看，软实力以潜移默化的方式浸润到社会的各个层级，以共通的意义空间和价值体系，凝聚社会力量。从软实力的影响范围来看，具有综合且系统的特点，软实力来源于社会的多种要素，也倒逼社会与文化向前发展。如产业文化、社会文化、文化哲学、物质文化、制度文化、行为文化，茶文化、酒文化等新文化形态与社会变革如雨后春笋般层出不穷。

（4）软实力具有发展性，并不是一成不变的，会随着构成要素和资源的变化而不断变化和发展。软实力在实践的过程中不断丰富，其基础在于实践，在于思想和行为标准的推广。随着社会的不断发展，特别是全球化和信息时代的到来，文化、价值观、政策等都在发展变化，文化的发展变化会带来价值观的变化，价值观的变化会使政策发生改变。因此，在构建和运用"软实力"理论的过程中，要不断对其进行完善和发展，使其更加适合现实的环境与需求。软实力的形成需要经历一个价值赋予、意义挖掘、文化传递、文化理解和接受、文化发展的过程，这是长期实践的结果，具有发展性的特质。软实力的生产、传递、理解与接受的链条是持续且长期的，在多方的参与下，最终形成动态发展、持续创新的软实力。

从"力"的角度来看，软实力的属概念是实力，因此软实力也同样具有"力"的属性。既然软实力是精神性的实力，这就产生了软实力具有可观察性、可测量性、可比较性、可描述性的特征。重视"力"属性要求关注软实力从"主观感知"向"客观存在"转变的过程，软实力只有从主观感知转化为客观存在才能实现从其实践升华为一般性理论的过程，才能实现将理论回归到实践以指导软实力运用的过程，这体现了科学研究的客观性，体现了科学研究在实践与理论上的统一[①]。软实力的可观察性在于，软实力是通过具体的行为方式表现出来的，如语言交流、行动示范等。运用软实力的结果会通过一定具体的形式表现出来，如态度的转变、合作的达成等，这些信息可以通过一定的渠道（如媒体报道）被观察到。软实力的可测量性在于，对有关软实力的信息运用科学的方法进行定性或定量的

---

① 王军荣. 中国软实力研究 [D]. 上海：复旦大学，2013.

分析、综合和评价。软实力的可比较性是建立在可观察性和可测量性基础上的，通过观察和测量就可以在空间横向进行主体间的软实力比较，也可进行历史纵向上的主体的软实力变化比较。软实力的可描述性，在于通过观察、测量、评价等过程实现从总体上对主体的软实力进行把握，从而概括出软实力的结构、特征乃至本质。

2.1.5　软实力的形成机制

从系统论的角度来看，软实力是由于内部系统各要素之间、外部系统与环境发生连续的信息和能量交换而产生的作用。这种作用是建立在软实力各系统要素与各利益相关者的关系上并得到其认同和支持，从而形成推动产业持续发展的内在力量。价值传递和有效传播是软实力发挥作用的核心途径，探究软实力的形成路径能保证软实力的价值传递和传播的有效性、正向性。软实力建设是一个循环往复的闭环过程，本书认为软实力需要经历决策与组织、行为与实施、控制与评价、动态与发展四个关键过程。多个环节层次鲜明、环环相扣，构成了软实力的形成路径。

2.1.5.1　决策与组织路径

决策与组织是软实力建设的前期关键路径，主要包括决策机制建立、决策行为实施、组织机构设置等内容。建立并启动决策机制是软实力建设的起点。软实力的建设是一项系统工程，与外部环境和内部运营机制紧密关联，要进行系统的软实力建设，必须由最高管理者建立并启动决策机制。这一过程包括软实力建设的必要性、紧迫性、关联性论证分析，从科学视角出发做出关键决策意见。决策行为实施是软实力建设的第一步。决策机制启动后，与之相关的要素要围绕决策意见组织行动，这些行动包括软实力建设要考虑到后续发生的事项，比如确定实施范围、预定实施周期、调动资源配置、行为与实施路径如何选择、技术路径如何选择、控制与评价手段如何选择等。科学合理地进行组织机构设置是软实力建设的深化。决策行为实施的前提之一是组织机构的组建与配置，比如机构设计、职能分配、职责明细、人员调配、相关资源配置等。决策与组织可以根据实施主体和目标不同，进行细分或整合，主要目的是保证软实力建设由决策层根据需求传播文化。

2.1.5.2　行为与实施路径

行为与实施路径是软实力建设的关键。行为与实施的过程包括计划组织与实施、信息反馈组织与实施等。首先，实施科学严谨的计划体系建设。在这一阶段，软实力实施主体需要全面履行职责。按照系统论原则，根据整体规划分步骤、分模块实施，对软实力建设目标进行系统设计，再分步骤、分模块实施。软实力作为整体概念具有无形性，难以用数据简单表述。因此，可以通过要素指标库分解、指标目标预设、资源分配与调配等方式，系统设计与分步实施共同作用，将软实力建设纳入科学计划管理体系。其次，建立并完善信息分析反馈机制。信息分析和反馈是软实力实施的基本保证，可以在建设的过程中动态监测软实力的实施效果。因此，信息采集、信息存储、信息处理、信息反馈平台等的建立与完善是必不可少的路径。

2.1.5.3 控制与评价路径

控制与评价路径是软实力建设的结果关键路径。控制与评价路径贯穿上述两类路径全过程，实现这一路径的主要手段包括计划体系的建设和信息反馈管理路径的实施。控制评价包括过程、结果和效果等。该路径的主要作用是保证软实力的建设持续进行，同时保证软实力目标的达成，以及目标持续改进的实现。在这一过程中需要通过舆论监测、舆论引导等方式控制社会评价向预期偏向。

2.1.5.4 动态与发展路径

软实力的形成过程是动态与发展的过程。从影响因素上看，软实力在社会中发挥作用时，会根据环境的不同、时期的不同产生不同效果，因此其发挥的作用具有不确定性。从社会发展来看，软实力受多种因素影响，但同时也影响着社会的各个部分。因此软实力与社会是互构的，软实力随着社会的动态变化而不断深化，影响大众的思维，同时社会的进步也倒逼软实力走向完整。从效果上看，软实力并不是一成不变的，而是在动态变化中产生持续性的影响效果。这一路径的实施保证了软实力持续地发挥作用，可信性效果也随之不断提升①。

根据以上分析，我们可以发现产业软实力形成过程具有三个鲜明特点。

（1）软实力形成过程的信息反馈性。软实力伴随实施主体的发展不断发生变化，同时又不断与外部环境进行信息交流与反馈，这种交流反馈保

---

① 姜万勇. 企业软实力建设与评价研究［D］. 天津：天津大学，2014.

证软实力的变化是客观的。二者通过编码与解码进行信息交流，产生共识与认可。

（2）软实力形成过程的非线性。软实力的形成机制不是系统的线性相关，软实力需要经历决策与组织、行为与实施、控制与评价、动态与发展四个关键阶段。各个环节有的互相制约，有的互相促进，有的产生正向作用，有的产生负向作用。各个要素之间的制约、促进、融合形成了软实力。因此，非线性特征需要我们对软实力进行全面控制与评价。

（3）软实力形成过程的层次性。软实力的形成机制与内部、外部环境层层相关，因此具有鲜明的层次性。利用层次分析法梳理软实力的形成机制，包括决策与组织、行为与实施、控制与评价、动态与发展四个环节。决策与组织是软实力建设的前期关键路径，主要包括决策机制建立、决策行为实施、组织机构设置等内容。行为与实施路径是软实力建设中的过程关键路径，包括计划组织与实施、信息反馈组织与实施等。控制与评价路径是软实力建设的结果关键路径。动态与发展是软实力建设的长效关键路径。

2.2　文化软实力

2.2.1　文化软实力的文献综述

党的十七大第一次把"软实力"概念写进了大会报告，赋予"软实力"中国特色和意义。其中，最明显的特征是在"软实力"前面加上了"文化"二字。这为"软实力"研究在中国的发展特别是实现"文化软实力"对"软实力"的超越，设定了一个重要前提，"文化"在软实力中的地位和作用更加凸显了。"文化"在"软实力"中发挥着灵魂和经纬的作用[①]。文化软实力概念的内涵和理论是文化力与软实力的有机结合，是文化力和软实力概念的延伸，其理论也属于综合国力理论的一个分支。

从梳理的结果来看，学术界对文化软实力的研究成果颇为丰富，主要分为以下几类：对文化软实力概念的研究、对国家文化软实力的研究、对

[①] 张国祚. 关于"软实力"和"文化软实力"必须搞清楚的几个问题 [J]. 文化软实力研究，2020，5（3）：5-10，2.

文化软实力实践的研究。

2.2.1.1 对文化软实力概念的研究

学者们对文化软实力概念的探讨主要集中在以下几个方面：

（1）将文化软实力视为文化或者文化资源。胡键认为，虽然文化软实力的资源构成是复杂的，但传统文化是其最重要的组成部分①。石沁禾指出，在中国语境下，文化软实力实际上就是一国的文化，尤其是作为意识形态的文化②。文化软实力集中体现了基于文化而具有的凝聚力和生命力，以及由此产生的吸引力和影响力③。陈玉聃认为，文化软实力是文化中的一部分，只有先进的、有魂的、流行的和能转化为民众素质的文化能够成为文化软实力④。文化自身发展的历史长河并非完全是一个优胜劣汰的过程，留下来的也并非都是精华。而文化糟粕无论如何也不能转为文化软实力，相反它还会对文化软实力产生副作用。

（2）将文化软实力界定为价值观的吸引力。王一川指出，文化软实力指人类共同体生活的价值系统及其象征形式所呈现出来的柔性吸引力⑤。文化软实力的核心部分是文化价值观及其政治价值观念的认同和影响力⑥，其本质特征是思想或意识的感召力和文化艺术的吸引力，以及二者结合的聚合力。文化软实力是以一个国家民族文化、以意识形态为核心体现出来的精神力量。郭建宁认为文化软实力是文化借助载体所产生的吸引力，能够推动经济社会发展的非物质性力量⑦。

（3）将文化软实力作为文化竞争力的重要力量。在发展文化软实力时，政策取向是大力发展文化产业、培育新的文化业态、抢占国际文化市场、大力推进文化产品的出口贸易等，而所有这一切都为提高文化竞争力服务。从国家层面来看，面对西方的强势文化，我国必须提升本国的文化竞争力，以抵御西方的文化霸权。我国虽然拥有雄厚的文化资源，但中国

① 胡键. 文化软实力研究：中国的视角 [J]. 社会科学，2011（5）：4-13.

② 石沁禾. 文化软实力发展与社会主义核心价值观培育 [J]. 南京社会科学，2018（11）：123-128.

③ 骆郁廷. 文化软实力：战略、结构与路径 [M]. 北京：中国社会科学出版社，2012.

④ 陈玉聃. 论文化软权力的边界 [J]. 现代国际关系，2006（1）：57-63.

⑤ 王一川. 理解中国"国家文化软实力" [J]. 艺术评论，2009（10）：60-63.

⑥ 谢雪屏. 文化软实力竞争：关注中国国家文化安全 [J]. 福建师范大学学报（哲学社会科学版），2008（5）：1-5.

⑦ 郭建宁. 提高文化软实力与建设共有精神家园 [J]. 中国特色社会主义研究，2008（1）：71-74.

文化在国际文化竞争中并不占据优势。这一现象反映出一个现实问题，即世界文化传播格局仍然处于"西强我弱"的境地，西方仍然掌握着世界的绝对制信息权。从产业与产业层面来看，增强自身的文化软实力有利于在经济市场上占据优势，并能吸引更多的消费者认可产业。通过文化传播扩大自身的影响力，大力发展文化是当今各行各业的普遍做法和基本经验。文化是市场竞争的主导形态，能倒逼文化软实力的快速发展。对文化市场的争夺、文化的深度开发成为当今文化发展的重要领域与物化载体。

2.2.1.2 对国家文化软实力的研究

自党的十七大报告首次提出"提高国家文化软实力"的目标以来，国内学界更加重视对国家文化软实力的研究，相关研究成果日益丰富。在国家软实力的内涵方面，诸多学者阐述了自己的看法。童世骏认为，国家文化软实力是"软实力"的一个方面，是以文化为基础的国家软实力[①]。韩振峰认为，政治、外交、意识形态、价值体系、哲学、法律、语言、宗教和艺术等所产生的综合影响力，构成一个国家的"文化软实力"[②]。孙波将文化软实力作为综合国力的重要标志，认为国家文化软实力包括精神文化的生产力、制度文化的生产力和物质文化的生产力三个基本形态。国家软实力的第一要素即文化和文化力[③]。福建省社科联课题组认为，国家文化软实力首先体现为民族凝聚力，而这种凝聚力主要来自人们对于社会主义核心价值的认同，其次是民族的创造力[④]。何增科认为，文化软实力是软实力的重要内容，主要借助文化生产、文化交流、文化教育和信息传播等手段，使本国所倡导和奉行的价值理念被国内外受众认可，借以赢得国际声誉与影响力，其核心是思想、观念、原则等价值理念[⑤]。

在对提升文化软实力的重要性方面，学术界普遍认为文化软实力是当代国家间竞争的核心要素，提升中国的文化软实力既重要又必要。张殿军指出，一个国家的生存、发展乃至崛起都离不开文化软实力的支持[⑥]。何

① 童世骏. 提高国家文化软实力：内涵、背景和任务 [J]. 毛泽东邓小平理论研究，2008（4）：1-8，84.

② 韩振峰. 提高国家文化软实力的十大举措 [J]. 当代经济，2008（5）：4-5.

③ 孙波. 文化软实力及其我国文化软实力建设 [J]. 科学社会主义，2008（2）：41-44.

④ 福建省社科联课题组，凌厚锋. 论提高国家文化软实力 [J]. 东南学术，2008（2）：4-11.

⑤ 何增科. 国际社会提高文化软实力的做法和经验 [J]. 毛泽东邓小平理论研究，2010（1）：77-84，86.

⑥ 张殿军. 中美文化软实力比较研究 [J]. 重庆交通大学学报（社会科学版），2010，10（6）：89-94.

增科指出，文化软实力的强弱直接关系到一个国家的国际竞争力的强弱，关系到一个国家维护自身利益、实现自己战略目标的能力的强弱①。杨竺松等指出，文化软实力是国际影响力的核心，文化软实力的提升，与综合国力、国际影响力的增长有着十分密切的关系②。张国祚指出，文化软实力事关国家强大、民族兴衰和中华民族伟大复兴③。近年来，在"一带一路"倡议的带领下，中国的国际影响力已经不容国际社会忽视。全球化背景下，越来越多的国外学者开始投身于中国文化领域的研究，致力于研究中国文化软实力的发展④。比如，奈尔·雷维克就在《中国的文化软实力：逐渐显现的国家文化安全语境》一书中提出，中国大力发展文化软实力是对自身发展模式、国家价值观和政治领导模式充分自信的体现。

在如何提升中国文化软实力的研究中，学术界认为提升中国文化软力应在文化创新、价值观供给和文化对外传播等方面下功夫。在文化创新方面，谭文华指出，文化创新是提升文化软实力的必由之路。王国华等指出，提升我国文化软实力要坚持理念创新、制度创新、技术创新和品牌创新⑤。张国祚、刘存玲指出，在新时代提升文化软实力需要搞好文化建设、坚持社会主义核心价值观、增强话语权、展示文化魅力和发展文化产业⑥。在价值观供给方面，赵磊指出，文化软实力的核心是价值观，提升中国文化软实力需要进一步提炼当代中国的价值观念⑦。邵峰指出，坚持社会主义核心价值观是构建与践行国家文化软实力的根本路径⑧。在文化对外传播方面，杨静指出，提升中国文化软实力的关键是扩大文化传播力和辐射力，有效传播能力成为体现和提高国家文化软实力的一种重要手段和有效

---

① 何增科. 国际社会提高文化软实力的做法和经验 [J]. 毛泽东邓小平理论研究，2010 (1)：77-84，86.

② 杨竺松，胡明远，胡鞍钢. 中美文化软实力评估与预测（2003—2035）[J]. 清华大学学报（哲学社会科学版），2019，34（3）：155-167，197.

③ 张国祚. 关于"软实力"和"文化软实力"必须搞清楚的几个问题 [J]. 文化软实力研究，2020，5（3）：5-10，2.

④ 潘婧. 马克思主义文化观视角下中国影视文化软实力提升研究 [D]. 北京：北京邮电大学，2021.

⑤ 王国华，江波. 文化软实力的提升路径 [J]. 人民论坛，2018（16）：238-239.

⑥ 张国祚，刘存玲. 新时代背景下的文化软实力提升 [J]. 马克思主义文化研究，2021 (2)：201-202.

⑦ 赵磊. 提升"软实力"的关键问题与思路建议 [J]. 前线，2018（2）：32-35.

⑧ 邵峰. 国家形象战略的逻辑模型及其对中国的启示 [J]. 东南亚研究，2014（6）：40-52.

工具①，但也应整合文化传播资源和力量，因地制宜，实行有差别化的地缘文化输出战略。在国际传播工具方面，陶建杰等指出，应突破大众媒介依赖，重视"中国商品"和"人员交流"②。调研数据证明，以文化为主要内容进行对外传播的效果比较好，如传播优秀的传统文化、发展历程、中国故事和中国现代化成就是最好的传播内容。

2.2.1.3 对文化软实力的实践研究

在实践方面，文化软实力一般与特定区域或特定层面相结合。例如，刘彩云等（2011）从探讨蜂蜜文化内涵出发，指出弘扬蜂蜜文化在发展蜂产业中的作用，并提出扩大宣传途径、加快蜂蜜文化产业园区建设等提升蜂产业发展对策③。杨柳认为，提升"中国白酒金三角"文化生产力的两大途径包括通过高端要素的化学聚合创造和承袭文化生产力，以及通过地理品牌的传播强化文化生产力④。实证研究成果大多关注文化软实力与地区的关系，对行业及产业的关注比较少，结合四川地区白酒产业的研究比较有限。鉴于此，本书拟对文化软实力进行探索。学者陶建杰从媒介的视角研究城市软文化的传播，他认为一个城市拥有丰富的文化，但这并非软实力，这些文化资源要产生"力"的效应，有赖于对这个地区文化的传播和应用。他在《传媒与城市软实力》一书中，对城市软实力的资源要素进行了划分与总结，指出城市软实力主要由四个子系统构成：人口素质、自然环境、文化资源、社会和谐。而文化资源这一子系统则由历史文化资源、文化产业、文化区位优势等"元软实力"构成。

学界对软实力的传播也做了深入研究。报刊、广播、电视、互联网、社交媒体等媒介是一种重要的文化软实力"资源"⑤。李良荣教授认为，传媒是文化软实力的核心力量。孟建指出，在现代社会，媒体的影响力直接耦合了城市的软实力。地区的传媒业越发达，其对外输出文化和表达自身声音的能力就越强。如何利用传媒来制造和提升软实力，是不同层面的实践主体都必须面临的一场没有硝烟的战争。尤其是在这样一个信息全球化

---

① 杨静. 文化软实力需要媒体助力 [J]. 文化月刊, 2015 (29)：110-113.

② 陶建杰, 尹子伊. 中国文化软实力：国际评价、传播影响与提升策略 [J]. 现代传播（中国传媒大学学报）, 2020, 42 (7)：51-55.

③ 刘彩云, 李旭涛, 毛玉花, 等. 提升蜂蜜文化软实力促进蜂产业发展 [J]. 中国蜂业, 2012, (6)：51-52.

④ 杨柳. 文化软实力："中国白酒金三角"的核心动力 [J]. 酿酒, 2012, 39 (2)：94-96.

⑤ 肖雪龙. 广东传媒与提升本地文化软实力研究 [D]. 广州：华南理工大学, 2011.

的时代。以美国为例，全球新闻传播不仅给它带来了巨大的市场份额和经济利益，更是它推行软实力的一把利器。这对其他软实力实施主体具有很强的借鉴意义，提升传媒实力的途径是要实现媒体的产业化和职业化，产业化和职业化是做大的必由之路。近年来，我国传媒产业纷纷试行改革，省市级广电集团、报业集团、新闻出版集团纷纷向互联网转型。文化软实力的发展已经成为一种潮流，许多发达国家的文化发展渐成支柱。传媒作为软实力的"资源"，在推进地区文明发展进程中具有重大的作用。首先，传媒通过向社会宣扬正确的价值观，传播各种文化信息，举办文化活动，在全社会营造一种良好的文化氛围，从而促进民众素质的提升。而对有损文化发展的不良行为的曝光，又能有效地推动文化建设进程。其次，传媒是推动公民社会形成的重大力量。作为社会和公众之间沟通的桥梁，传媒的迅速发展，为公众提供了一个自由交流的平台。发达的大众传媒能营造出良好的社会文化氛围，能唤起公众的民主意识。与此同时，又能让公众的需要得到更好的表达，促进社会、媒体、公众的良性互动。

2.2.2 什么是文化软实力

关于文化软实力的内涵，魏恩政与张锦认为文化软实力指传统文化、价值观念、意识形态等文化因素，对内发挥的凝聚力、动员力、精神动力与对外产生的渗透力、吸引力和说服力[①]。我国研究者刘鹏曾这样阐释："文化软实力是竞争力、影响力、吸引力、凝聚力，是文化模式、意识形态、价值观、社会制度、对外交往等对内、对外两个方面内容的反应。它的核心价值观念分别是原则、思想、观念等。它的载体分别是文化教育、文化产品、文化交流活动、信息传播媒介等。"他的这个解释从内涵和外延两方面对文化软实力做了较全面的说明，有一定的借鉴意义。高换珍认为，文化软实力是一个国家社会经济等物质建设力的体现，也是一个国家社会制度和人与人和谐关系程度的体现。她提到文化软实力具体体现在文化力量对个人的主体自觉，也包括一定的社会现实成果对人的影响[②]。

综合来看，本书从概念的构成、内涵与权力实施方式三个方面分析文化软实力这一概念。

从概念的构成来看，文化软实力是软实力的一个子概念，文化软实力

---

① 魏恩政，张锦. 关于文化软实力的几点认识和思考 [J]. 理论学刊，2009（3）：13-17.
② 高换珍. 我国文化软实力对大学生文化自信的影响 [D]. 太原：太原科技大学，2018.

是以文化资源为基础的一种软实力。从概念的内涵来看，文化软实力的核心是思想、观念、原则等价值理念。文化软实力是不同层级的权力实施主体通过媒介传播制度文化、行为文化和观念文化等内容来体现的。文化软实力的概念是由主体、客体和载体三个要素共同生成的融合系统。文化主体包括国家、政党、区域、民间组织、社会团体、教育机构、民众个人等不同层级，不同层级的主体发挥各自的独特作用。国家作为最高层的主体，对文化软实力具有明显的主导功能。新时代强调以人民为主体，其在文化软实力中居于核心地位。文化软实力的客体是文化主体活动指向的各种受体，如制度文化、行为文化和观念文化等。文化软实力的载体是指通过文化生产、文化交流、文化教育和信息传播等途径传递文化内容，文化客体相关联的文化承载物是新兴媒体和文化设备设施等①。从权力实施的方式来看，这种软实力不是强制施加的影响，而是受动者主动接受或者说是主动分享而产生的一种影响力、吸引力。文化软实力是一种柔性力量，并不是通过现实主义的方式强行推行某些特定的价值观。

2.2.3　文化软实力的层次

文化软实力是以文化为核心的软实力。因此，文化软实力的构成具有文化自身的结构性，但在要素上存在文化软实力独有的特征。文化结构性是指文化由浅入深的三个层次，即物质文化、制度文化和精神文化。依据文化的结构层次，可以将文化软实力分为物质层面的文化软实力、制度层面文化软实力和理念层面的文化软实力。

2.2.3.1　物质层面的文化软实力

文化软实力最表层的构成要素是物质层面的文化所呈现出来的张力。物质文化主要指物质性需求层面的文化供给，是必须借助具体化、可视化的物质产品满足的社会文化。具体而言，物质文化是通过在产品、包装、现实场景、物理环境等环节中加入产业文化要素，也包括学术交流、论坛举办、线下赞助等动态的活动传播文化。

物质层面的文化软实力将软实力落实到物理特性上，包括文化吸引力和文化辐射力。文化吸引力是文化价值的具体体现，是文化软实力对人们

---

① 蔡扬波. 新时代中国文化软实力与国家凝聚力内涵及关系探析［J］. 中原文化研究，2022，10（4）：64-70.

心理需求的影响程度，也是精神产品对接受者心理产生的内在牵引力①。物质文化的张力，主要体现在它的吸引力上。美国哈佛大学教授约瑟夫·奈曾指出，吸引力是文化形成软实力的重要根源。文化吸引力的大与小决定文化事业与文化产业的兴与衰，决定文化交流渠道的宽与窄。具有文化吸引力，能获得认同感，并被受众广泛喜爱的物质文化才能真正转化为文化软实力。物质文化中，真实是其核心特征和主要表现，如果没有真实存在的物质载体，文化就不能依附其上，就无法产生文化软实力。如制度文化和价值文化最终表现出可接受的物质文化才能更广泛地被接受和认可。物质文化是文化形象最直观的反映，加强物质文化建设有助于展示真实全面的形象。文化辐射力反映了一个国家、地区、产业的文化积淀对其他主体的影响力、吸引力和带动能力，决定了该文化主体的品质和口碑。文化辐射力将文化的影响力以物质与数据的形式呈现出来，文化辐射力的深度与广度是衡量文化影响力的重要标准。如何将文化扎根于社会，扩大文化影响范围，是文化软实力的核心议题。

2.2.3.2　制度层面的文化软实力

从文化软实力的整体构成来看，物质文化的直接支撑是制度层面的文化软实力。制度既不是纯物质的，也不是纯精神的，它是一定的物质活动和一定的精神活动的有机结合。制度文化既是物质文化的工具，也是精神文化的产物，又是社会规范现象的文化基础。特色化是制度文化区别于其他文化的重要标志，加强特色制度文化建设，有助于构建区别于其他组织的文化形象。

文化整合力是制度层面的文化软实力的重要表现形式。文化整合力主要是指它所具有的制度聚集力，它通常指一国、一地区或产业所拥有的所有能量的整合。文化的整合力，是集结和带动全体成员一起为推动实现民族、国家以及地区的共同目标理想而奋斗。通过完善合理的制度推动社会的整合，让人们在制度实施的过程中产生文化认同感，是文化软实力的重要基础与前提。

2.2.3.3　理念层面的文化软实力

文化软实力的构成中，物质文化和制度文化要发挥作用必然依靠其理念文化的凝聚与创新。理念文化通常指精神文明、社会意识等概念，这是

① 王春林. 提升中国文化对外吸引力的策略和途径 [J]. 学术论坛，2015，38（9）：137-140.

文化的核心，也是社会中集体遵守的观念和重视的价值。理念文化是文化软实力的核心层。理念文化以价值体系为主导，既体现了统治阶级的根本利益，又反映了现实需求和社会发展的内在要求和趋势，以及大多数社会成员都强烈认同其核心价值意图和定位。理念引领行动，先进的理念对行动具有决定性影响。理念文化通常以理念性公共产品形象出现。理念层面的文化软实力主要是精神、价值观、治理与方案，以有效应对矛盾与问题，发挥"说服性"的效力。文化软实力的理念层面以文化凝聚力与创造力为表现形式，连接软实力内部各要素，并通过创新的理念进行传播。文化凝聚力是一种内在的力量。其主要体现在群体成员之间为达成集体行动目标而进行抱团合作的强大效果，它通过理念的共识将诸多细小的力量、零散的个体整合汇聚，使其化为一股巨大的力量促成事物发展与进步。文化创造力是指文化在交流的过程中传播，在继承的基础上发展，文化扩散的路径中蕴含着新的意义。文化本身是动态和发展的，文化的继承与发展，是一个新陈代谢、不断创造的过程。一方面，社会中不断呈现新形态，需要文化不断创造新意义，以适应新变化；另一方面，社会的发展也为文化创新提供了更为丰富的资源，准备了更加充足的条件。所以，文化创造力是社会的动态发展的动力，也是理念层面文化软实力的倍增要素。

2.2.4 文化软实力的分类

文化软实力的应用范围广泛，可在不同的主体上产生不同的影响效果，如以国家、区域为主体的，有国家文化软实力、区域文化软实力。其中，国家文化软实力是指一个国家文化的影响力、凝聚力和感召力，它是国家软实力最重要的组成部分，主要包括国家层面、组织层面和个人层面的文化软实力。国家文化软实力作为综合国力的重要标志，指由一个国家国民的思想道德、理想信念、核心价值观念、文化科学素质，民族文化传统、民族文化遗产，民族性格、民族心理、风俗习惯等文化发展和文化积累所形成的现实力量。文化软实力就是通过社会核心价值认同，形成统一意志、培育民族精神、增强民族凝聚力，从而激发创造活力、推动社会和平发展的能力。文化软实力就是通过文化和道德诉求，展示国家形象、传递国家核心价值观念、增强国际竞争力，进而影响其他国家行为的能力。随着软实力概念的广泛传播，文化软实力作为研究和理解国家综合实力的有效分析范式，不仅被应用于国家层面，而且被拓展到区域层面。区域文化软实力是指在区域竞争中，建立在区域文化、政府公共服务、人力素质等非物质要素之上的区域政府公信力、区域社会凝聚力、特色文化感召力、居民创造力和区域吸引力等力量的总和。在区域层面上探讨软实力，其意义在于强调人的精神力量、人的主观能动性，对于当前乃至未来社会经济发展的重要性。区域文化软实力在某一地区范围内通过精神的方式，发展、动员和发挥区域内指导的作用，来实现区域经济社会目标的能力。区域文化软实力是依托本区域文化的自身资源，形成独一无二的人文精神与紧跟时代的价值观，推动区域文化创新发展的持续作用力，促进区域软实力的对内提升和支撑区域软实力的对外竞争，实现区域文化对内凝聚、对外辐射、综合吸引的作用力，它既是区域软实力的重要组成部分，也是国家文化软实力的基础构成[①]。

以产业为主体的文化软实力是产业文化软实力。产业文化软实力是产业在一定社会经济文化环境下，通过产业内外广泛认同的文化而形成的。基于产业文化认同感而产生的亲和力、感召力、吸引力、凝聚力、学习力、创新力和竞争力，是推动产业持续发展的深层力量，是产业软实力的核心部分，也是产业核心竞争力的重要组成部分。文化软实力在产业内部表现为各产业的归属感、凝聚力、有效的管理机制，而在产业外部则表现为社会知名度、美誉度以及产业整合能力。产业文化软实力是难以模仿和复制的，拥有软实力的产业，在激烈的市场竞争中具有绝对优势[②]。产业文化软实力可分为精神力、制度力、行为力、物质力四种力量。精神力是产业文化软实力的核心部分，是产业核心理念的表现，能推动产业走向凝聚与发展。精神力大多体现在产业价值观念上，产业用符合自身的价值观念来实现目标，长此以往，就会逐渐形成核心竞争力。产业内的所有行为都受到产业精神的影响。制度力是一种潜在的生产力。制度力由产业内的规章制度、企业结构等共同构成，是产业发展的制度基础。任何一种产业一旦形成了核心制度，并拥有完善的管理机制，则该产业就拥有了凝聚力。制度力是产业文化软实力的约束条件，是产业独有的管理机制和经营手法，其实质是产业中诸多企业在产业现有环境和发展阶段中产生的共识和价值认同。行为力是指产业中多个企业在发展中展现出来的文化共识，

① 顾鸣. 区域文化软实力的提升路径研究 [D]. 成都：四川省社会科学院，2013.
② 秦德智，秦超，蒋成程. 企业文化软实力与核心竞争力研究 [J]. 科技进步与对策，2013，30（14）：95-98.

包括企业文化、品牌认知与产品文化。当企业认同产业的核心价值观和理念时，就会产生一种超越自我的价值观念，而形成产业的合力。企业的发展原则将不以自身的利益为主导，而是以产业整体的得失作为判断事物的标准，进而为产业发展做出贡献。可见，行为力是提升产业绩效和竞争力的催化剂。如果企业的价值观被产业文化软实力所统一，那么在产业内部将达成利益共赢，推动产业整体的发展水平，从而形成强大的产业文化软实力。物质力是以产业形象为载体的。形象是一种抽象、综合、动态的，能够引起人思想或情感活动的具体感觉。独特、良好、个性鲜明的产业形象，独特且富有魅力的产业文化，是产业的无形资产。产业形象主要表现为企业之间的友好关系、产业对消费者的亲和力、产业的集体社会责任、产业对人才的吸引力等。

第二部分

川酒产业文化建设状况

3 川酒产业文化建设的阶段分析

3.1 企业文化散点布局的产业文化建设阶段

　　川酒产业文化建设的第一阶段以企业为主体，集中表现为企业文化。一方面，由于有关产业文化建设意识还不到位，使整个行业内部缺乏统领全局的引导，产业文化暂时以自发状态生长。另一方面，川酒企业为了在这种形势下谋求自身发展，亟须建立自身独特的企业文化，在激烈竞争中逐步建立优势，以为企业带来效益。由此，这一阶段的川酒产业文化建设呈现出散点布局特征。

　　在此背景下，川酒企业将文化作用于产业发展：一是通过增加文化含量，优化企业的产业结构。这一阶段的川酒企业加快了文化的跨界融合，使文化符号价值、文化经营理念等不断向相关产业渗透，促进"美学增值"，提升了企业文化的内涵和边际效应。二是提升创新创意能力，增强企业活力。如果企业发展渗透文化艺术的创造力，附加价值无疑会大大提高，影响企业的品牌塑造。

　　具体而言，在这一阶段诸多川酒企业的文化建设大致可以概括为三种方式，即挖掘历史文化底蕴、维护知识产权价值、提升品质做好品牌。通过这三种方式，川酒企业建立了自身的企业文化，燃起川酒产业兴旺发展的星星之火。

3.1.1 挖掘历史文化底蕴，提炼企业核心价值

　　川酒可考的历史，可上溯至 3 000 多年前传说中的古蜀国蚕丛、鱼凫时代。三星堆遗址出土的青铜器和陶器中，有相当一部分属于酒器，这也

说明当时的农业生产已相当繁荣，已有大量的剩余粮食用于酿酒，彰显出发达昌盛的酒文化。酒器包括酿酒器具和饮酒器具两大类。其中酿酒器具如高颈大罐，颈高、口直可使酿酒时便于密封罐口，避免杂菌进入并造成厌氧的发酵优越条件；罐的下部成反弧内收形，以利吸收热量；底小而平，便于埋在灶坑边热灰中保温。从这个酿酒用高颈罐的特点上，不难看出，此时蜀人酿酒技术已达到一个相当高的水平。而三星堆出土的蜀人饮酒器皿主要是瓶形杯，其最大特点是束颈。这意味着当时蜀人饮酒方式为啜饮。也就是说，此时蜀人所饮之酒已是一种无滓的清酒，比同期中原地区"汁滓相将"的"连糟"酒更为先进。可见，古蜀地区当时已经拥有相当高的酿酒水平，而川西地区饮酒之风和中原地区同样盛行。秦汉时期，巴蜀地区酿酒业有了进一步发展。汉武帝时，著名文学家司马相如与卓文君为生计所迫就在临邛（今成都邛崃市）以卖酒为生，流传着"文君当垆，相如涤器"的佳话。1977年和1978年在成都郊区出土的东汉画像砖和画像石中，就有多幅酿酒图、酒肆图、宴饮图，表明当时成都地区饮酒之风已广为传播。

到了唐代，四川酿酒业空前发展，酒的质量大大提高。从各种记载中可知当时的川酒有以下特征：一是酒味浓，二是酒味熟，三是在酒名上有一个"烧"字，这说明，唐代川酒有着浓烈的特点。这种浓烈的特点一直保持到今天。宋时对酒实行禁榷，酒税成为四川财赋的最大来源，酒税的征收有力地促进了四川地区经济文化的发展。此时四川各地的酿酒业发展开始出现不平衡的局面，受经济条件的制约，今重庆地区的酿酒业开始衰落，而经济富裕的成都地区则最为发达。元代在全国实行酒禁，独于四川不禁，这使四川地区的酿酒业在宋末战乱后得到迅速恢复和发展，此时四川仍以保持和创造名酒著称。如古已有之的名酒郫筒酒、鹅儿黄及安酒等，虽经战乱却仍未失传。明代川酒仍保持名酒众多的特色，川酒名酒进入重要的发展阶段。除成都之外，泸州和宜宾两大名酒基地开始出现，五粮液、泸州老窖开始出名。清代，四川名酒及其酿造工艺走向成熟，川酒空前兴旺，今天川产名酒在那时基本上都已蜚声全国，如杂粮酒（今五粮液）、绵竹大曲（今剑南春）、泸州大曲（今泸州老窖）、全兴大曲、喻酒、咂酒等。

拥有数千年历史积淀的川酒酿造和饮酒文化底蕴并不只是历史的陈迹，它们在产业发展中仍具有独特的经济地位和文化价值。经历数千年风雨的川酒历史文化，不仅是宝贵经验的结晶，也是非常丰厚的资源，还是川酒企业们进一步发展和创造的基础。川酒企业文化正是建立在其自身独有的历史底蕴之上的。任何寻求进一步发展的企业如果不能与其自身的历史文化相结合，就如同无根之木。通过挖掘历史文化的底蕴，川酒企业能够从中提炼出助力前进的强力补给，为企业进一步发展提供动力。

3.1.2 维护知识产权价值，构筑企业资源屏障

知识产权是居于企业智能资源价值链高端的一种知识资源，是企业形成和保持可持续竞争优势的核心资源。根据《建立世界知识产权组织公约》对知识产权的界定，知识产权就是指一切来自工业、科学、文学及艺术等领域的智力性活动的成果所享有的权利，权利对象包括艺术、文学及科学作品，表演艺术家的演出、录音和广播、科学发现、发明、工业设计、商标、厂商名称及标记等。具体到酒类企业上，知识产权主要包括专利、商标、著作权、商业秘密等。首先，任何一款酒都需要有商标作为自身的特有符号，因而商标被认为是企业品牌的核心体现。注册商标是保护品牌的第一步，经国家核准注册的商标就会成为"注册商标"，受法律的保护；其次，专利申请为企业创新保驾护航，包括特有的酒瓶、酒盒设计与构造，瓶身、瓶盖设计，独有的瓶贴包装设计均可申请专利；再次，独家的口味配方、产品生产工艺可申请配方发明专利，也可进行商标秘密保护；此外，酒产品商标品牌的 logo、酒瓶瓶贴、酒盒图案也可申请美术作品版权，进行登记保护，如果有竞争者对标签、外包装进行模仿、山寨从而混淆消费者，企业就可以利用版权来进行维权。

四川悠久的酿酒历史，诞生了众多名优酒品牌。在从 1952 年开始的历届国家级评酒会上，五粮液、泸州老窖、剑南春、全兴、沱牌、郎酒先后获评"中国名酒"，并由此诞生了川酒的"六朵金花"，品牌知名度和美誉度举世公认。而经过酿酒行业的不断发展，川酒企业意识到品牌是未来持续发展的价值所在，而文化比拼则成为酒类市场激烈竞争的焦点。长久保持企业在市场上的地位需要更加注重与文化的紧密联系，既要突出历史文化底蕴，也要以知识产权来为企业溢价。

事实上，要将知识产权转变为财富，不仅需要良好的运用，同时也要注重对其的保护。作为企业的无形资产，若知识产权保护不力，竞争对手便会通过模仿、山寨、傍名牌等不正当手段低成本地获得知识产权，进而

参与市场竞争。实际上，长期以来，以商标侵权、仿冒正规产品外观及包装的"山寨酒"在市场上愈演愈烈、泛滥成灾，严重扰乱了酒类市场秩序。

川酒的知名度和美誉度举世公认，因而对知识产权的保护显得尤为重要，尤其是享有较高知名度的五粮液集团、泸州老窖集团、剑南春集团等名酒企业的商标品牌最容易受到伤害。如商标遭遇他人在别国、别地的恶意抢注，或遭遇他人域名抢注。再如，在利益驱动下仿冒正规产品外观及包装的"山寨酒"的行为，这对企业商誉会造成极大的破坏。比如，2002年江西省高安市工商局查获了一批假冒伪劣食品饮料。在查获的酒类食品中，有相当一部分是仿冒五粮液、剑南春、郎酒等名酒的注册商标，严重侵犯了名优酒商标专用权，欺骗误导了消费者。而2006年查处的唐光烈制售假冒"五粮液"案，涉案金额240多万元，对五粮液集团的声誉造成了难以估量的损害。

川酒企业对商标品牌进行过艰苦卓绝的维权抗争，也有过辉煌战绩。譬如，1999年，四川全兴酒厂诉成都全与酒厂和四川杜甫酒厂侵犯其外观设计专利案胜诉。此外，2001年12月31日，一名韩国人将五粮液汉语拼音"WULIANGYE"抢先注册成商标。2003年1月23日，韩国官方发布相关公告，同年2月14日，代理五粮液品牌有关商标业务的四川超凡商标事务所发现了抢注行为，同年2月19日，五粮液集团提出异议书，并出具了五粮液不仅在中国是知名品牌，同时也是国际驰名商标和品牌，且使用在先的证据。经过14个月的拉锯战，2004年4月20日，韩国商标总局做出了"驳回韩国注册人注册申请"的最终裁定。

在经济生活中，企业知识产权一旦遭到非法侵害，往往会给企业造成不可估量的损失。为避免一些不法经营者利用企业商标和商业信誉搭便车进行不正当竞争，川酒企业十分注重对知识产权的保护。譬如，2002年五粮液集团对"五粮液"产品外包装进行创新设计，并向国家知识产权局申请外观设计专利，最终获批。此外，五粮液集团还曾专门致函国家工商总局公平交易局，希望能进一步加大对侵犯本企业知识产权行为的查处力度。国家工商总局公平交易局对此高度重视，部署各地工商机关开展专项执法行动，严厉打击侵犯五粮液集团知识产权的违法行为。2004年，国家工商总局公平交易局专门下发了《关于开展打击侵犯宜宾五粮液股份有限公司知识产权专项执法活动的通知》，要求各地工商部门开展专项执法行动，严厉打击侵犯五粮液集团知识产权的违法行为，对仿冒、误导等不正当竞争行为依法严肃处理，切实保护五粮液集团的合法权益。

3.1.3 坚持品质支撑品牌，维护企业良好形象

品牌要靠品质来支撑，没有品质支撑的品牌必然是昙花一现。品质是消费者选择的最终裁判根据，认真抓品质并持之以恒，品质就会越来越好，品牌就会越来越响，就会越来越受到消费者的欢迎。川酒的背后，是品质的强有力支撑，川酒企业通过对品质的严格要求和极致追求，使得川酒质量抽检合格率常年稳居全国第一；川酒斩获的国家级质量奖、国家级技术创新成果等数量也遥遥领先。川酒企业对优良品质的坚持，主要体现在其持续完善企业基础设施和硬件，注重建设一流人才队伍体系，以及在坚持传统技艺的同时不断发展新技术、新工艺。

品牌需要产品来支撑，产品的质量要有良好的基础设施和企业硬件来支撑。川产白酒要作为高品质、高品位的代名词，应加强品牌基础建设，保证产品质量。企业的资金、实力、设备、厂房等是企业的硬件，它决定着产品的质量，决定着产品的生命和品牌持续传播能力。加大在基础设施上的投入，支持企业技术改造和产业升级，对促进招商引资、白酒品牌的打造都有裨益。作为伴随新中国一起成长的特大型国有企业，五粮液集团自 20 世纪 50 年代以来，始终坚定不移地实施"以质兴企"的发展战略。一方面，白酒生产本身的特点，决定了它与水、土、空气等外部环境的质量有着直接的联系，好酒需要好"风水"。为此，五粮液集团不仅花巨资进行综合治理，消除各个污染源，开展综合利用和变废为宝活动，还把厂区建设成了一个枝青叶绿、鸟语花香、雕塑亭榭点缀、喷泉瀑布萦绕、文化气氛浓郁的花园式文明工厂，多次荣获"全国环保先进单位"称号。一流的环境质量，为五粮液集团生产高质量的白酒创造了极为有利的条件。另一方面，公司在 1991—1995 年实行"质量规模效益型发展战略"，即在提高产品质量的前提下，以质量带动生产规模，通过大规模的技改和扩建，使五粮液及其系列酒的生产能力由不足 1 万吨上升为 6 万吨，企业从质量和规模两方面获得可观收益，实现税利总额由 1991 年的 1.3 亿元猛增到 1995 年的 5.7 亿元。在不断深化改革、加强自身质量建设的进程中，1998 年五粮液售价超过茅台，逐步掌握高端白酒定价权，并于 1999—2005 年收入份额稳居行业首位，巩固了高端白酒品牌的企业形象，成为名副其

实的中国酒业大王，并且深刻地影响和推动了四川成为中国第一白酒生产大省的发展。

人才作为第一资源，在企业发展中起着重要作用，强大的人才队伍是川酒质量建设的坚强后盾。企业要想在激烈的市场竞争中抢占有限的资源、获取更大的发展空间，必须有足够的竞争优势，而品质对品牌发展的支撑离不开人才队伍的助力。优秀的人才队伍能够帮助企业提升自身实力、进行建设创新。1972年，五粮液酒厂总技师范玉平针对不同产品风格特点，以酒调酒，独创"缓冲、烘托、平衡"的"范氏勾调技术"，得到国家商业部、轻工部高度重视，被行业广泛借鉴与应用。在川酒技术大发展的20世纪八九十年代，四川曾经涌现一大批"星期天工程师"，一些大型酒厂的工程师利用星期天到中小型酒厂指导技术，或者被聘为技术顾问。同时，各大酒厂之间也经常开展一些技术经验交流座谈会，使整个川酒产业有了工艺技术上的整体提高和突破。

高品质美酒离不开传统酿造技艺，传承悠久的酿造技艺一直是川酒的核心竞争力。

一方面，川酒企业将对传统技艺的保护与传承视为发展的根本。例如五粮液集团始终坚持以"五粮液酒传统酿造技艺"作为企业对品质的坚持，该技艺特点是工艺条件极端、发酵周期最长、操作工序最多、工艺要求最细、生产成本最高。以最精细、最严苛的匠心和酿造标准，从曲药、粮食的优选开始，五粮液的每一个酿造环节，都在按照"优中选优，花中选花"的理念进行质量分级，量质甄选，百里挑一。又如古蔺郎酒在酿造过程中，始终继承和发扬传统工艺，采取两次投料，反复发酵蒸馏，七次取酒的方式，一次生产周期为9个月。每次取酒后，分次、分质贮存，封缸密闭，送入天然岩洞中，待3年后，酒质香甜，再将各次酒勾兑调味，经过质量鉴定，合格后，方可装瓶包装出厂。五粮液等川酒品牌对白酒品质的极致表达，是四川白酒产区品质表达的一个缩影。用传统酿造工艺的技艺优势构建的浓香主导及"浓酱双优"共同发展的四川白酒产业，在很大程度上影响了中国白酒产业的发展。从单粮酿造到多粮酿造，从原窖法到跑窖法和老五甑法，四川白酒产业把酿造技艺打磨得非常透彻，同时川酒企业进行了酿造技艺的输出，形成了浓香型白酒在全国由北到南、从东到西的广泛分布格局。

另一方面，川酒之所以能始终处于行业领先地位，与其技术革新息息相关。川酒企业用科技创新和科学管理的方法，不断发展新技术、新工艺，提高产品品质，以此保证川酒优良的品质，使其经久不衰。如沱牌曲酒产于射洪县南柳树镇。1940年，镇上小商李明方，用"谢酒"工艺酿造白酒，因其酒清香味正，名噪镇内。后其子继承"谢酒"传统工艺，引进曲酒生产技术，酿成浓香清冽，风味独特的曲酒。1946年，前清名士马天衢取"沱泉酿美酒，牌名誉千秋"之意，将此酒命名为"沱牌曲酒"。新中国成立后，沱牌曲酒不断引进先进技术，探索创新工艺流程，在传统工艺基础上，调整配方比例，采用新工艺，形成了沱牌曲酒"窖香浓郁，绵软醇厚，清冽甘爽，尾净余长，尤以甜净著称"的独特风格。自1979年沱牌曲酒系列产品首次参加名酒品评鉴定会被评为优质名酒以来，沱牌曲酒多次被评为地（市）、省、部、国家名优酒，荣获地（市）、省、部、国家奖章和金奖，被誉为"初尝者久思，长饮者不腻"。这种在继承传统工艺的同时，不断研究现代科技的运用方式，是川酒企业获得成功的最大原因，这不仅提升了四川白酒产业的品质之力，而且造就了"名酒之乡"的美号。

3.2 多线并进的产业文化建设阶段

川酒产业文化建设的第二个阶段体现出多条源自历史、流向未来的脉络，这些脉络推动川酒产业文化迈向融合发展新阶段。这一阶段的转变主要得益于政府与川酒企业之间对川酒产业文化进一步发展的观念的改变，主要包括两个方面：一是政府政策与企业方针从"老思维"向"新思维"的转变。产业文化的建设要求打破传统的思维模式，不断增强文化认知，坚持前瞻谋划、主动作为，立足地区经济布局、地理因素和文化特色，运用大融合思维、一体化思维来谋求川酒产业文化发展。二是将川酒产业与产业文化从"浅融合"向"深融合"的推进。推动川酒产业文化由点及线的发展，就是加大资源挖掘、要素整合、产业耦合力度，在各种业态之间架起桥梁，实现文化产业由初级阶段表层融合向高级阶段深层融合的过程。

总体而言，在多线并进的阶段下川酒产业文化建设主要有两个方面的特点，一是注重导向引领，加强政策扶持。重视对川酒产业文化建设的引导规划，完善对川酒产业的政策支持，促进产业文化建设环境持续优化，促进工业全要素连接和资源优化配置。为川酒产业文化建设制定和完善融合发展的产业政策，从规划、内容、资金等多个方面予以扶持，尤其是积极落实加快推进文化创意与相关产业融合发展的行动计划，让川酒产业文化发展充分沐浴"政策暖阳"。二是着力筑牢基础，加强要素集聚。集成各方有效资源，打造一批主业突出、集聚效应明显、具有国际影响力的融合发展集聚区。突破条块分割的管理体制，在组织协调机制上营造有利于业态融合的制度环境，培育壮大实力雄厚、竞争力强的"文化航母"。

在此背景之下，川酒产业文化建设主要表现为三个方面：一是上下树立品牌意识，逐渐形成母子品牌梯度；二是依托川酒地标优势，纵深推进川酒区域品牌建设；三是形成白酒产区概念，整合资源构筑集群优势。这一阶段是文化要素与川酒产业各领域在更广范围、更深程度的融合创新，是推动业态裂变，实现结构优化，提升产业发展内涵的生命力的阶段。

3.2.1 上下树立品牌意识，逐渐形成母子品牌梯度

多线并进的第一条线是川酒品牌之线。品牌是产品的顾客印象，是消费行为的源头。品牌管理对于企业具有重大经营意义，企业面临的不仅是产品利润之争，还有品牌资产价值竞争，塑造品牌资产竞争优势已经成为产业文化建设的主要战略方向。四川是"非遗"酒乡，是浓香型白酒的主产区。四川也因产酒量大和知名品牌众多而闻名国内外。纵览川酒的发展历史，川酒企业的品牌战略经历了从单一品牌战略到母子品牌战略的转型。起初，川酒企业实行的多是单一品牌战略，如五粮液、泸州老窖、剑南春等。2002年开始，迫于限制白酒政务消费的政策以及行业调整期的压力，单一品牌产品难以满足市场渗透，加之进口酒类在国内市场的渗透，使得国内企业之间的竞争更加激烈，多个品牌的经营成为白酒企业占领市场、升级产品的有力武器。川酒企业纷纷进行产品创新，开启双品牌运作的先河，名酒阵营开始布局品牌形象和品牌价值竞争，五粮液集团推出中端的五粮春、五粮醇、五粮特曲、五粮头曲、尖庄等，泸州老窖集团推出国窖1573等。众多川酒企业通过母子品牌战略实现了企业与产业的崛起与腾飞。

事实上，四川是浓香型白酒的主要产区，在浓香型白酒的生产中，窖泥被誉为酒质之本，浓香型的高端酒都得用老窖池生产的优质基酒才能酿

出来，其中生产时间不到 20 年的新窖一般产不出高端酒，20~50 年的窖池可产出 5%~10% 的高端酒，50 年以上窖池才能产出 20% 的高端酒，因此浓香型白酒的高端产能既不高，也无法在几年内快速提升，只能随时间慢慢推移。而川酒作为浓香典范，一方面浓香型高端白酒的稀缺性是不断提升产品势能的动力；另一方面浓香型白酒优质品率相对较低，需要打造系列酒品类，在有效利用资源的同时打造核心产品矩阵。也就是说，高档产品树立形象，获得利润为企业的发展积累足够的发展资金；低档产品占领市场，稳定生产并满足大众消费需求。

以在川酒中一直具有举足轻重的地位的"六朵金花"为例，具体来看，五粮液的品牌力最强，普五卡位高端大单品的同时，五粮液集团向上推出超高端 501 五粮液，向下打造"4+4"系列酒矩阵。泸州老窖集团品牌力强劲，以企业品牌为核心搭建金字塔结构式优质品牌资产组合战略，2001 年正式推出其代表产品国窖 1573，作为浓香型的代表，置于其品牌资产金字塔最顶端重点打造。与此同时，泸州老窖集团还实施双品牌战略，以国窖 1573 和泸州老窖作为战略品牌和主力品牌，积极抢占中高端白酒市场，巩固金字塔产品结构，以带动品牌资产整体价值的提升。

作为次高端工者的剑南春集团在 2002 年突然发力，推出了新品"金剑南"，并一举成名。金剑南作为剑南春的一个强势子品牌，它如今在市场上的成功与母品牌的支撑密不可分，而金剑南的高认知度也烘托着母品牌剑南春，也是对企业整体品牌组合架构的有力补充。从这个意义上来说，金剑南正在成功演绎着剑南春的品牌战略，在维护原始品牌与谨慎延伸中，最大限度地弘扬并提升其品牌资产价值。

郎酒是我国酱香型白酒的老字号品牌，郎酒集团通过青花郎切入高端酱香领域，以此来拔高品牌力，并形成"红花郎+朗特+小郎酒"的产品矩阵。郎酒集团抓住同为酱香品牌的茅台崛起后价格持续走高带来的产品断层空缺，带动红花郎放量、青花郎提价，从而实现销量快速增长。

此外，舍得酒业则以品味舍得和智慧舍得占位次高端，大单品策略稳步推进，向上推出超高端白酒品牌吞之乎，树立品牌势能，向下持续精简系列酒产品线，向下聚焦沱牌天曲、沱牌特曲、沱牌优曲系列酒。

高端白酒品牌水井坊原属全兴酒厂，2000 年以 600 元/瓶的姿态横空出世，被定位为高端白酒，销售额从 2001 年的 1.8 亿元快速提升至 2012 年的 15 亿元。但 2012 年白酒行业进入深度调整期，水井坊品牌由于缺乏深度文化内涵，业绩出现大幅下滑。水井坊集中了全兴集团几乎所有的资源和资金，完全压缩了全兴大曲的生存空间，致使其在各个市场上节节败退、迅速萎缩。由此，全兴集团开始调整产品体系，改变过去高度依赖高端策略，实行高端、中低端两条腿走路的战略，重点打造定位次高端的井台和臻酿八号两款核心产品。

某种程度上，"川酒"已经成为一种文化符号。纵观中国白酒，大多其实是企业反过来带动地区产业的文化发展。而提及"川酒"，人们首先想到的不是五粮液或泸州老窖，而是这个地方酒多、酒好、酒史长远。这是一种凌驾于具体品牌之上的，更为高级的文化内涵，可以"哺育"白酒企业。实际上，川酒在全国乃至全球市场上都有一定影响力，整个川酒产业也借势树立了较高价值的整体品牌形象，西不入川是白酒行业里由来已久的说法。

进一步来看，这种天然的文化优势是由历史所沉积的。四川是中国浓香型白酒的发源地，大量的文人墨客让巴蜀酒文化在古代便名扬天下，四川有着悠久的文化底蕴。宝贵的老窖池、传统酿造技艺又给了川酒文化得以延续的土壤，川酒的文化基因先天优越。在之后的发展中，川酒产业依然保持文化领先，则是得益于后天的努力。从20世纪六七十年代开始，川酒的技术、理念、人才和原酒源源不断地往川外扩散，全国每个省只要有浓香型白酒，或多或少都曾有过川酒的影子。在这一长达数十年的扩散过程中，川酒文化随之形成广泛的影响力。以五粮液、泸州老窖、剑南春、全兴、郎酒、沱牌为代表形成了强势一线川酒品牌，但四川省白酒业不止这几家，2008年仅四川泸州拥有的白酒生产厂家就达600多家，更不用说四川全省。为了更好地打造川酒整体品牌形象，填补川酒品牌高中端、中低端的空白，诸多二线川酒品牌依托川酒整体品牌效益得到进一步发展。2011年，中国酒类流通协会和四川省酒类流通协会等协会，联合选出川酒新金花，绵阳丰谷酒业、宜宾红楼梦酒业、四川金六福酒业、四川金盆地酒业、泸州国粹酒业、绵竹东圣酒业被正式授予"川酒新金花"称号。由此而言，川酒呈现出"一超多强"的梯队品牌格局。"六朵金花"作为川酒典范引领发展，创新模式，强化宣传，不断提升品牌核心竞争力。另有川酒"新花"开始绽放，二线川酒品牌及中小白酒企业做大自有品牌，提高品牌附加值。从历史积淀到影响力扩散，再到川酒品牌的建立与扩大，川酒产业在顶层设计上就建立了更为领先的文化优势，而"川酒"二字，也成为文化本身。

3.2.2 依托川酒地标优势，纵深推进区域品牌建设

多线并进的第二条线是以"中国白酒金三角"地标的建设，打造川酒区域品牌，进一步提升川酒产业影响力与竞争力之线。区域品牌是指某个地域的企业品牌集体行为的综合体现，并形成该地域某行业或某产品的知名度和美誉度。区域品牌包含两个基本要素：一是区域性，即必须具有强烈的地域特色；二是品牌效应，即应当代表地方某产业产品的主体形象，对当地经济发展起到举足轻重的作用。与单个企业品牌相比，区域品牌更形象、直接，也更具轰动性和广泛性。而且，地域品牌是众多企业品牌的集聚和提炼，不易受单个企业生命周期的影响，更具有持续性。因此，区域品牌的建设能让地理、品牌、文化在区域内集中发酵，创造出更大的力量、价值和声势，形成"核爆炸"的效果，提高川酒产业的整体竞争力。

事实上，尽管川酒产业在之前的建设中得到了较好发展，但不可否认的事实是，一些问题仍然客观存在。一是大批中小企业集约化程度低、创新意识不强、资源浪费严重、产品结构失衡、质量良莠不齐等。二是市场竞争对川酒的挑战更加严峻，高端市场烽火正旺，竞争手段多样化。三是由于激烈的市场竞争，川酒产业没有形成整体的营销模式和整体合力，而是各自为战，分散竞争，造成了川酒内部的无序竞争。四是由于2008年9月国际金融危机爆发，全球经济进入衰退期，白酒行业受到影响。危机蔓延后，人们收入预期普遍降低，导致社会消费需求不足，消费信心和意愿下降，白酒行业出现了需求不振的情况，行业发展形势日趋严峻。危机对川酒产业的"六朵金花"、部分优质白酒企业及原重点企业都影响深重。一方面是产品销量大幅下降。2008年前三季度，川酒产业的发展势头一直强劲。自2008年11月以来，四川省各名酒企业、部分优质酒骨干企业和重点原酒企业的系列产品均有较大幅度销售滑坡，表现为各个档次的白酒销售都开始呈现下滑趋势，其中以高端白酒下滑速度最大。五粮液、国窖1573、水井坊各类高端名白酒在北京、上海、重庆、广州、南京、郑州等重点区域的销量，分别下降了10%~30%；泸州老窖集团2008年11月上半月销售收入同比下降了26.5%。另一方面是高端白酒价格开始进入下降通道。川酒高端产品五粮液、剑南春、国窖1573、泸州老窖特曲、水井坊、红花郎、沱牌曲酒和舍得酒等，在各地酒类批发市场价格下降幅度总

体达 10%，在全国各大主要市场每瓶批发价分别都有 20~40 元的降幅。

而四川白酒业如要获得进一步的发展，在激烈的市场竞争中占有更高的市场份额，就得从大局的角度去考虑，从建立四川白酒强势区域品牌的战略高度去发展川酒的市场，以提高川酒产业的整体知名度和美誉度。"中国白酒金三角"这一地理标识，就是川酒产业纵深推进区域品牌建设，提高川酒产业整体竞争力的方式。

区域品牌是一种集体性公共品牌，必须由政府来推动和引导。"中国白酒金三角"这一提法产生于 2007 年沿海与中西部县市区联席会议上，与会代表首次提出构建"中国白酒金三角"产业区的设想。2008 年年初，四川省委原书记刘奇葆提出以泸州、宜宾和仁怀三大白酒产业大市为支撑点，"打造中国白酒金三角"的战略构想。后来，由于贵州方面缺席，四川提出了"中国白酒金三角（川酒）"的概念。2008 年 8 月，四川省委、省政府经过充分的考察研究，科学而合理地制定出"打造中国白酒金三角，建设长江上游白酒经济带"的战略部署，并正式列入四川省人民政府工作议事日程予以筹划。同年，四川省人民政府还进一步深入阐述了"中国白酒金三角"的基本内涵和发展目标：打造一个国际品牌——"中国白酒金三角"，带动区域内白酒相关产业链的发展，通过对各个名酒小镇的打造，发展以酒文化为支撑，带动多种产业及酒文化旅游，把它建成和法国波尔多一样的小镇，从而带动城乡统筹政策的具体实施。至此，"中国白酒金三角"区域品牌浮出水面，为川酒产业发展描绘了宏伟蓝图。

2010 年，四川省人民政府启动了"中国白酒金三角（川酒）"地理标志产品保护的申报工作，四川省"中国白酒金三角"推进办公室也开始向全社会公开征集"中国白酒金三角"标识。同年 9 月，"中国白酒金三角（川酒）"地理标志产品保护专家工作组在四川省质量技术监督局成立。2011 年 1 月，申报工作正式启动。2011 年 7 月 6 日，根据国家质量技术监督总局发布的《关于受理芦台春酒等产品申报地理标志产品保护的公告》显示，作为"中国白酒金三角"最重要的身份认证，"中国白酒金三角（川酒）"地理标志产品保护正式进入地理标志产品保护目录。2012 年 7 月，"中国白酒金三角（川酒）"获地理标志产品保护公告批准，紧接着《中国白酒金三角（川酒）地理标志保护办法》发布并实施。"中国白酒金三角（川酒）"地理标志产品保护的成功申报，标志着川酒迈入产区品牌时代，此举对整个中国白酒产业都具有里程碑式的意义。

地理标志不仅是一种识别标志，更是一种品牌。地理标志价值是"中国白酒金三角"品牌价值的基础。实施"中国白酒金三角"地理标志产品保护的建设工作，有利于推动中国白酒金三角区域品牌战略建设。而区域品牌的核心价值就在于能为中国白酒金三角区域内所产的白酒获得外界认可提供一个信誉担保，代表着这一区域白酒产品的品质及特征，为建设"中国白酒金三角"区域品牌搭建了一个平台，它能让消费者明确、直观地识别并记住"中国白酒金三角"个性特点，让该区域的产品被消费者认可所付出的成本最小化，为进一步提升川酒产业竞争力奠定了基础。

3.2.3　形成白酒产区概念，整合资源构筑集群优势

多线并进的第三条线是川酒产区之线。产区是川酒产业的集中表达，是进一步加速川酒产业整合，推动区域内企业协同联合以及各产区之间抱团发展，形成独树一帜的酒产业文化区域的必由之路。

产区的概念源自法国波尔多产区，该产区以生产优质红酒而闻名。产区化概称更是对波尔多红酒的赞称，成为产区内产品的独特品牌优势，被全世界的消费者所熟知。产区化具体包含四个特征。第一，产区是一定区域内众多相同或相似品质的产品集合，这些产品有别于区域外相同产品的品质特征。第二，产业集聚是产区化基本特征。产区内不仅包含大量本类产品生产企业，还包含众多的支持类企事业单位。第三，产区内部协同是产区化的常态。产区内各参与主体不是孤立存在的个体，而是服务服从整个产区产业发展规律规则的。第四，产业溢出效应明显。无论是知识溢出还是经济溢出，产区化发展必须能够给产区内企业带来积极影响。

在中国酒产业发展板块上，四川具有举足轻重的地位，汇集了众多优质的川酒品牌，但过去这一区域内的企业大多独立发展品牌和市场，互不协同也缺少联合。其中高端酒企形成寡头垄断，竞争格局好，而大量的中低端白酒生产企业，由于品牌知名度不高和产品同质化，为获取相应的市场份额，往往采取低价竞争策略，区域内部呈现过度竞争状态。

而通过建立产区的概念，在品牌名酒的影响带动下，可以树立产业集群在本行业中的区域专业形象，形成以产区形态为载体的产区品牌。而产区品牌，可以叠加本区域名优品牌的声誉，以产业集群的方式把具有产业关联的企业联结成紧密联系的团体，并保持整个集群加速发展的趋势，进一步增强区域的整体竞争优势。具体来看，产区价值效应主要体现在两个

方面。第一，产区内资源整合、区域协同发展加速，白酒产业集群形成、发展规模不断扩大，白酒竞争由企业之间的竞争上升到产区之间的竞争。产区的品牌效应和影响力反哺区域内的企业，为企业发展提供良好的信誉背书。第二，白酒产业贯穿第一、第二和第三产业，上游链接农业，下游延伸到文创、文旅等产业。以白酒产区为单位，以酒业为底色，结合当地历史人文地域和山水生态环境特色，可以发展"酒旅融合"。这样做不仅能塑造白酒行业社会形象，构建立体化、多层次的酒业营销渠道，促进白酒销量和收入提升，还能通过酒旅的"纽带"作用，促进关联产业的深度融合发展，提升产区综合发展实力。

四川作为浓香型白酒的发源地，是中国酒业最重要的产地，拥有得天独厚的酿造环境和成熟的酿造工艺，曾被联合国教科文组织誉为在全球同纬度上最适合酿造蒸馏白酒的地区。同时，四川也是最大的酒品牌输出区域，孕育了五粮液、泸州老窖、郎酒、剑南春、沱牌、水井坊等众多国内外知名白酒品牌。经过多年的发展，四川逐渐形成了泸州、宜宾、成都（邛崃）、德阳（绵竹）四大核心主产区，也是中国名酒版图的重要阵地。

四大产区的地理优势明显，特别适合白酒的酿造环境。泸州位于四川盆地边缘，土壤以紫色土和山地黄壤为主，地处东经 105°08′～106°28′，北纬 27°39′～29°20′。泸州具有山区立体气候特点，年平均气温 17.1℃～18.5℃，年平均降雨量 748.4～1 184.2 毫米，日照时间充足，无霜期较长。宜宾位于四川省东南部，川、滇、黔三省接合部，地处东经 103°36′～105°20′，北纬 27°50′～29°16′，地势大致呈西南高东北低之势，岷江和金沙江汇合处，长江零公里处。宜宾年平均气温 17.5℃～18.7℃，年平均降雨量充沛，日照时间 1 300～1 500 小时，无霜期长。绵竹地处四川盆地西北部，亚热带湿润气候区，气候温和，地处东经 103°54′～104°20′，北纬 30°09′～31°42′，年平均气温 15.7℃，年平均降水量 1 053.2 毫米。成都气候温和、四季分明、无霜期长、雨量充沛、日照较少。四川盆地河川纵横，水系丰富，生产企业个个依山傍水，基本都有名泉在其附近。这些泉水水体晶莹、无杂质、硬度低、酸度适中、清冽甘醇，含多种微量元素，是酿酒的最佳用水。四大产区还有较佳的气候条件，保证了酿酒的先天条件。

四大产区在"人和"条件中生存发展。一是四大产区中有着丰富的酿酒文化传承。独特的地理环境与气候催生了四川悠久的酿酒历史。生活在四大产区的人世代薪火相传而形成深厚的人文历史底蕴,使得他们对本地区的酿酒生产工艺、流程、配方等都铭刻于心。二是四大产区拥有较强的专业技术支持。四大产区大多数厂家同科研单位、大专院校相互结合,共同研究,在总结、继承传统的发酵技艺基础上,应用新的技术不断丰富和发展传统技艺。使名优酒的产量和质量均有很大的提高,多次荣获贸易部、轻工业部和四川省人民政府颁发的科技进步奖。四川白酒与科研院所、大专院校合作,先后荣获省、部委科技进步一、二、三等奖。同时,它们还在国内发表了具有较高学术水平的科技论文。

四川有着众多名酒品牌,这些川酒品牌所具有的某些品质特征与特定区域的自然、人文因素密切相关,正是这些独具特色的众多产品聚集在一起,才形成了产区。具体来看,宜宾产区是"独特多粮浓香型传统固态酿造工艺"国家级非物质文化遗产浓香型白酒发祥地,有着五粮液老作坊、红楼梦糟坊头老作坊两个被列入中国世界文化遗产预备名录的文化遗产,汇集了以五粮液集团为领衔,宜宾酒公司、高洲酒业、叙府酒业、红楼梦酒业、陈坛酒业、长兴酒业、竹海酒业等十多家名优白酒生产企业,是首个全国年产值超过千亿元的白酒产区。泸州产区地处中国白酒金三角核心区,是世界上浓香型白酒和酱香型白酒最佳原产地的唯一叠合区,拥有泸州老窖、郎酒两大名酒和全国规模最大、产业链最齐全、功能配套最完善的酒业集中发展区。成都产区有着"中国酒乡"之称,四川水井坊、文君酒业、全兴酒业、古川酒业等一批实力较强的酒企坐落于此。德阳产区以剑南春集团、金雁酒业为代表,协同带动其他白酒企业发展,其中剑南春这朵"大金花",是四川白酒少有的几个百亿级企业之一。

3.3 全面铺开的产业文化建设阶段

川酒产业文化建设的第三阶段是文化建设全面铺开的阶段。作为我国传统文化的重要组成部分,川酒文化源远流长,常被视为承载地区历史底蕴的文化元素,川酒产业也以其丰富的文化内涵生生不息,不断发展。因此,川酒产业天然与文化具有不可分割的联系。而川酒产业文化建设的全面铺开主要受两个方面的影响。第一,国际贸易开放水平的提高为外国酒品的交易提供了便利。而外国酒品种多、味道醇厚、口味独特，市场逐步扩大。川酒产业面临"发展的瓶颈"，推动产业文化发展，赋予川酒产业以文化内涵，有利于川酒产业延伸价值链，为产业注入新的发展活力。第二，现代信息技术的发展，为川酒产业文化的建设创造了条件。互联网时代下利用高新技术成果强化文化对川酒产业的内容支撑和创意提升，可以使川酒产业与文化进行深度融合，创造新型产业生态，从而激活发展潜能。

在此过程中，川酒产业文化的建设主要有两个特点。第一，跨要素融合。以文化、科技、信息、品牌等为代表的产业要素，通过集聚创新形成了融合发展的模式，创造出了白酒文创产品、跨界联名合作等新型产业生态。第二，全链条渗透。文化创意在生产力要素的地位越来越高，比重也越来越大，充分挖掘和利用文化资源，以文化创意提升新产品外观功能设计和研究开发能力，不断创新管理经营、营销策划，增加消费品的文化内涵；以文化内涵提升旅游项目、旅游产品、旅游节庆的吸引力，增加体验、休闲、养生、欣赏等旅游内容。

由此观之，川酒产业文化建设全面铺开有以下三个表现，一是以生态之力善用川酒地理环境，二是以文化之力挖掘川酒特色风情，三是以品牌之力做大川酒产业规模。川酒产业在发展过程中不会停滞不前，也不会长盛不衰，而得益于酒产业复合性强、延伸性好的特点，与文化业态结合能更好地丰富川酒产业内涵，拓展川酒产业发展空间。

3.3.1 用活川酒地理环境，发挥先天优势，体现生态力

川酒产业文化建设的全面铺开首先表现在：发挥生态之力，通过对川酒产业独特地理环境的善用，因地制宜地开发酒旅游。生态就是川酒产业所处的自然环境，包括水土、气候等具体条件。酒的生产通常需要适宜的气候条件和良好的自然生态环境，生产好酒需要优良的水质，这些便决定了好的酒业品牌都在一定的地域区域，这些地区自然风光和人文景色并存，在发展旅游上具有得天独厚的优势。

四川盆地空气湿润，土地肥沃，物产丰富，有着天府之国的美称。而川酒产业的核心区域在北纬30°附近，被联合国教科文组织与世界粮农组织定义为"地球同纬度上最适合酿造优质纯正蒸馏白酒的地区"，也被称为"中国的黄金酿酒带"。这里气候温湿，水量充沛，自然风光秀丽，常

年平均气温在 15℃~18.3℃，降雨量高达 1 200 毫米，相对湿度 81%~85%。这样的生态条件特别适合酿酒微生物的生长，加上丰富的水系带来的优质水源，以及优质土壤中生长而成的高粱等酿酒作物，使得川酒产业具备水、土、气、生造就的最佳地域大生态、酿酒小生态以及窖池微生态。独特的自然环境，让川酒产业具有不可复制的优势，形成了川酒产业的生态之力，也为酒旅游的开发提供了支撑。如郎酒产地二郎镇，绝佳的地理环境和气候条件，不仅为郎酒的酿造创造了绝佳的天时地利优势，也为酒旅游开展提供了独特的人和条件。

充分利用川酒产业优越的地理环境，发挥先天优势，将旅游融入酒产品的开发和生产当中，进一步提升酒产品的附加值，最终形成品牌效应，打造新经济增长点，对于川酒产业文化建设尤为重要。自 2012 年进入深度调整以来，白酒行业出现产能过剩，不少酒企遭遇挤压式增长瓶颈，产品竞争加剧。于是，酒旅融合之路受到更多酒企关系。如五粮液旅游景区，位于拥有 4 000 多年酿酒史的"中国酒都"宜宾，是"南方丝绸之路"暨茶马古道起点、巴蜀文旅走廊的重要节点。五粮液景区由岷江北岸"总部基地"、老城区的八大古酒坊和金沙江畔"明代古窖泥活态保护群落"组成，规划面积约 18 平方千米，涉及地文景观、水域景观、生物景观、建筑与设施、历史遗迹、旅游购品、人文活动等 7 大主类，共 15 个亚类、49个基本类型，已入选国家 AAAA 级旅游景区、国家绿色工厂、国家工业旅游示范基地、国内首批非遗旅游景区、四川省工业旅游示范基地等。该景区以"讲好中国酿酒故事，传播匠人匠心精神"为使命，以独有的工业遗产、人文资源、生态景观为基础，以酒旅融合、酒文融合、酒城融合为抓手，以突出工艺体验、文化体验、产品体验为落脚点，全力打造集工业观光、文化熏陶、研学教育、生态休闲、精品定制与收藏等为一体的"世界白酒活化博物馆"。再如泸州老窖旅游区，位于四川省泸州市江阳区境内，已入选国家 AAAA 级旅游景区，享有首批"全国工业旅游示范点"和"中国民间文化遗产旅游示范区"称号。景区包括泸州老窖传统酒业酿造基地1573 国宝窖池群、独特洞藏文化的天然储酒洞纯阳洞、科技含量突出的安宁工业园等。还有郎酒庄园，位于四川省泸州市古蔺县二郎镇境内赤水河（美酒河）左岸，占地 10 平方千米，包括世界最大天然储酒溶洞群（天宝洞）和十里香广场、千忆回香谷、问天台、金樽堡、酒店、两河口生态酿酒区等景点。

随着经济社会的快速发展，旅游需求激增，更富个性化和体验感的旅游模式成为时代潮流。作为我国传统文化的重要组成部分，酒文化源远流长，常被视为承载地区历史底蕴的文化元素。因此，酒产业天然与旅游产业具有不可分割的联系。酒产业是四川的核心优势产业，通过将旅游融入川酒产业的开发和生产当中，深入挖掘当地旅游文化内涵，并进一步提升川酒产业的附加值，对增加四川省的经济效益和社会效益具有重要价值。

近年来，四川省人民政府也在积极推动旅游产业发展，并帮助酒企积极挖掘川酒的文化内涵。2018 年 12 月，四川省文化和旅游厅、四川省经济和信息化厅对入选 2018 年四川省工业旅游示范基地的 15 家基地名单进行公示。其中，五粮液旅游景区、泸州老窖旅游区、舍得酒文化旅游区、剑南春"天益老号"酿酒工业遗址、竹海酒庄 5 家酒类工业基地入选。2021 年发布的《推动四川白酒产业高质量发展的若干措施》明确名优酒企、重点产区深入挖掘川酒文化内涵外延，促进我省加快建设国际化川酒文化旅游目的地。各地政府也是积极响应推进酒旅融合的发展模式，纷纷依托自身文化、资源优势，通过酒庄、地下酒堡、酒博物馆的成立，为游客带来更沉浸的体验，以此进一步促进酒旅融合发展，扩大当地酒产业整体品牌知名度，打造新经济增长点。

3.3.2 挖掘川酒特色风情，形成竞争支点，体现文化力

除了生态，川酒独具特色又博大精深的文化底蕴，也是其产业文化建设不可比拟的优势。酒是物质文化和精神文化的结合体，不仅是人类生产活动所产生的一种客观存在的物质形态，更因其酿酒技术、酒销售运输，尤其是酒与历史文化、文学艺术、民风民俗、科学技术、社会心理等的多样性关联，衍生出一种与民族传统文化同步发展、与人类社会生活息息相关的精神文化。客观物质形态的酒在生产、分配、交换、消费过程中不断地促进酒文化的发展与传承，同时酒文化的传承与发展也不断地刺激着酒的消费及其品质的不断优化。所以，酒文化既具有独特的文化价值，也有着重要的商业价值，酒文化是酒产业的核心竞争力。

事实上，因为悠久的酿酒历史，四川的本土酒文化资源异常丰富。以涉酒物质文化而论，有因为酿造酒而创造出来的工具、器皿、建筑物等物品，如五粮液集团拥有一大批连续发酵且不间断使用的窖池群，始于 1368 年（明洪武元年）的五粮液古窖池群，活态酿造延续至今，不间断生产时

间长达 654 年，是全国重点文物保护单位；五粮液窖池群及酿酒作坊被列入"国家工业遗产"，并入选中国世界文化遗产预备名单；五粮液地穴式曲酒发酵窖古窖泥，被中国国家博物馆永久收藏，是国家博物馆目前收藏的唯一一件"活文物"。再如泸州老窖集团 1573 国宝窖池群，郎酒集团用于存放酒的天然白酒酒库天地宝洞。此外，还有因为储存、运输、销售、饮用酒而制作的一切有形的物件，如三星堆遗址出土的青铜器和陶器，有相当一部分属于酒器，陶器有杯、尖底盏、觚、壶等，青铜器有壶、尊等。以非物质文化而论，首先，是其独具特色的酿制技艺。从单粮酿造到多粮酿造，从原窖法到跑窖法和老五甑法，构建起基于川酒传统酿造工艺的技艺优势。其次，是其丰富多彩的民俗文化。清香醇厚的川酒浸润于人们的日常生活中，并深入到生产、习俗、礼仪等诸多领域，形成丰富多样的酒俗、酒礼、酒歌、酒词、酒诗等民俗内容。一是节日饮酒习俗。川酒是四川人品格精神、礼仪智慧的载体和巴蜀文明的符号。四川人喜欢饮酒，一年四季无时不饮酒，在重大节日更是必饮。如除夕夜喝"团年酒"，全家聚餐并向长辈敬"辞岁酒"；正月里喝"春酒"，合家欢庆，祈福美好生活；中秋节喝"团圆酒"或"桂花酒"；清明节、端午节、重阳节这些传统节日皆有饮酒活动。二是少数民族的饮酒习俗。四川是一个多民族聚居地，分布有傈僳族、苗族、羌族、藏族、彝族等少数民族，各民族在生产生活过程中创造出形式多样的酒种，其饮酒习俗也非常特别。如傈僳族人民早晨起来就要从酒坛里舀上一碗酒，再炸一点玉米花下酒，就算吃过早餐。彝族人民饮酒时先把酒倒进大碗里，且男女老少皆能饮酒，大家依次轮流喝，称作"转转酒"。青稞酒算是藏族最具代表性的民族酒。从傈僳族的"早餐酒"到彝家的"转转酒"，从土家族的"咂酒"到羌族的"顺酒"、苗族的"拦路酒"等，展现着四川丰富多彩的饮酒习俗文化。

深厚的酒文化为川酒产业厚积了文化之力，是川酒开创未来可以倚重也必须倚重的基础。中国酒产业发展到今天，业界的生态和社会消费心态的变化，越发凸显了文化于白酒的意义。川酒作为一个符号，川酒文化凝结着四川的历史，又连接着四川的未来。川酒文化既是川酒价值的核心基因和川酒企业和酒品牌的生命体现，也是川酒企业、川酒品牌区别于其他酒企业和其他酒品牌的特征。酒业市场的竞争力，已经主要体现为品牌文化内涵的深广度，即文化创造财富功能的发挥程度。那么，挖掘川酒与生俱来的优势，发挥川酒文化浓厚的地方风格，源远流长的厚重以及丰富多样的类型等特点，是川酒产业最可倚重的资源。

具体而言，川酒产业对酒文化的开发主要包括以下三个方面。一是酒文化艺术群落，通常包含酒文化博物馆（馆藏）、酒文化陈列馆、酒庄和文化广场等，是展示、收藏、陈列和研究酒文化遗产的实物的场所。通过多元艺术表现的形式，对有价值的酒文物进行分类陈列和鉴赏，为人们提供知识、欣赏和体验的文化建筑物或者商业机构，以此传承发扬特色酒文化。例如四川五粮液酒文化博物馆中陈列包括五粮液酒传统酿制技艺展示、出土文物展览、五粮液现代发展史展览、珍贵酒品等，成都水井坊博物馆将实际生产过程和展示陈列完美融为一体，泸州老窖博物馆有出土文物展览、传统酿制技艺展示、泸州老窖现代发展史展览等，剑南春酒史博物馆收藏和展示了与剑南春有关的文献资料和历史文物。二是酒文化节庆，是以地方特色的酒文化为特定内容主题，在特定的时间段和区域内开展的酒文化活动。如宜宾的酒圣节、泸州名酒节、泸州酒博会等活动。以宜宾的酒圣节为例，节庆中开展商贸交易和招商引资的活动；设置名酒会展市场，销售包含酒类酒品、当地农副特产、风味小吃等产品；还举行名酒游行、焰火晚会、民俗文化巡游等地方特色的文化活动。三是推出具有文化特色的产品以及包装设计。这是通过将酒文化、地域文化融入这些特殊的产品以及产品设计，表达文化特点，提升产品文化内涵。譬如，在产品创新方面，郎酒集团为纪念郎酒诞生一百周年而推出名为百年郎酒的纪念酒，同时，郎酒以"生、长、养、藏"为脉络，将青花郎与郎酒庄园、赤水河独一无二的优质生态环境融合在一起，提出全新战略定位——赤水河左岸的庄园酱酒，以小郎酒和顺品郎为小酒和光瓶酒品牌定位，以 42°和 45°的柔和口感和 68~88 元的亲民价格锁定大众消费主流段，开启品类的新赛道。在包装设计方面，2021 年的中国全国糖酒交易会上，沱牌曲酒分别推出 70 年代、80 年代、90 年代三款怀旧款酒包装，酒包装在装饰上保留了当时酒包装的色彩以及图形装饰，通过"溯源历史""重温经典"的方式增加文化影响。

3.3.3 做大川酒产业规模，催生联动效益，体现品牌力

打造川酒品牌并建立品牌认同，做强川酒品牌体系，催生联动效益，是川酒产业文化建设全面铺开的又一表现。品牌承载着对产品以及服务的认可，是能给拥有者带来优势属性、产生增值的一种无形资产，是当下越

发激烈的市场竞争环境中产业文化竞争的有力武器。四川自古以来就是名酒之乡，四川省白酒创造了不少名牌，在消费者心目中的占有率较高。对川酒而言，最重要的是"川酒"这两个字所塑造的好酒形象及围绕其建立的品牌认同。

具体来看，川酒的品牌之力主要体现在以下两个方面。

一方面，在川酒品牌矩阵上，五粮液、泸州老窖、郎酒、舍得、剑南春、水井坊"六朵金花"为川酒典范，蜚声海内外。其中五粮液为六朵金花之冠，在塑造其品牌的同时也延伸出了许多子品牌。除了五粮液、尖庄、干一杯、开瓶乐、十二生肖酒等，还有其他分公司出品的五粮醇、五粮神、五粮醇，金六福酒、添福酒等。五粮液集团凭借强势品牌力成为川酒领导者。郎酒集团除了红花郎之外，还有新郎酒、福运郎、红运郎、老郎酒、小郎酒等。同样，舍得酒业也是将原来诸多品牌进行调整，分为论字系列、舍得系列、沱牌系列以及保健酒系列。此外，四川水井坊、剑南春集团、泸州老窖集团等无一例外地完成了品牌体系和品牌形象的塑造。正是在名牌的光环效应下，川酒品牌具有美誉度和知名度等社会因素，影响的范围较广。实际上，"六朵金花"在市场上极大地带动了二线品牌的川酒企业，为川酒二线品牌带来了背书效应。四川在增加既有品牌影响力的同时，注重孵化新品牌。2019 年 7 月 12 日，四川更是评选出丰谷、文君、三溪、古川、小角楼、叙府、江口醇、仙潭、金雁、玉蝉"十朵小金花"。新老名酒构筑的川酒企业矩阵，继续做强了川酒品牌的话语体系。

另一方面，在川酒产业规模与效益上，根据中国酒业协会发布的数据，2021 年全国白酒产量为 715.63 万千升，同比下降 0.59%。但分省区来看，四川省 2021 年白酒产量为 40.3 亿升，占全国白酒产品的一半以上，可见，四川省是全国白酒的重要产地。而根据四川省经济和信息化厅发布的数据，2021 年四川省食品饮料产业实现营业收入 10 030.2 亿元，同比增长 10.3%。其中，四川白酒产业实现营业收入 3 451.4 亿元，大约占全省食品饮料行业营业收入总额的 1/3，同比增长 14%，利润增长 24.9%。其中，五粮液集团与泸州老窖集团在 2021 年营业收入超过百亿元，位于中国白酒企业第一方阵。而位于第二方阵的舍得酒业以及四川水井坊的净利润均以两位数的速度快速发展，舍得酒业的净利润增速甚至达到 114.35%。正是凭借着以新老名酒为引领，其他众多酒企为基础的川酒企业品牌矩阵，以及庞大的产业规模与效益，川酒构筑了强大的品牌话语体系。

事实上，品牌的建设不是一日之工，需要从产品、技术以及商业模式等多个方面不断创新以实现价值创造。近年来，川酒品牌的建设主要包括以下四个方面。

第一，以跨界合作赋能产品结构优化。中国传统白酒特有的醇厚口感和纯食酿造的特性是其能够源远流长的根本，但现代社会人们对于饮酒的需求呈现了更加多样化的趋势，饮酒的场合也不再仅仅是在酒桌宴席上，而是扩展到各种社交、娱乐场所，乃至休闲或个人的私密空间，这也促成了源自国外的红酒、洋酒、啤酒等在中国的市场销量迅猛增长。川酒要在现代酒类市场竞争中脱颖而出，眼光就不能仅仅盯在传统白酒的消费者身上，而要放在整个消费者群体的各种个性化需求的层面上，在产品结构上进行适度且积极地调整，要满足时代的需求，要有时尚的元素，吸引不同人群的眼球。比如，2018年五粮液集团与SWAROVSKI（施华洛世奇）整合了以五粮液为代表的中年消费群体和以SWAROVSKI（施华洛世奇）为代表的年轻消费群体，认为中年与青年共饮的重要场景之一是结婚喜宴，设计了"五粮液·缘定晶生"产品，以52度白酒代表"我爱"，其瓶身造以戒指之形，象征婚姻中的承诺，得到年轻受众的认可。将"五粮液·缘定晶生"与婚宴进行紧密关联，既满足了年轻人追求时尚、酷爱新事物、创新婚宴表达等诉求，也满足了中年人长期以来对五粮液口感醇香、大气有档次的诉求。

第二，创新传播方式，打造品牌气质。如五粮液集团冠名《上新了·故宫》、成立五粮液文化研究院，并在第五届成都创意设计周上，以"和美五粮液"为设计核心，打造五粮液文化艺术共融的品牌文化展示体验空间；泸州老窖集团举办诗歌节、联合打造大型音乐舞剧《孔子》《李白》，同时，打造国窖1573·七星盛宴、"窖龄研酒所"、跨界"时间的朋友"罗振宇跨年演讲等品牌体验营销活动，通过创新的形式让消费者感受丰富的品牌内涵；舍得打造《智慧讲堂》、推出《大国芬芳》诗乐舞台剧；郎酒集团的青花郎冠名CCTV-1王牌节目《经典咏流传》和CCTV-5《欧洲杯豪门盛宴》，通过广告语"在有价值的平台传播价值"向大众传播其品牌理念；2017年四川水井坊商业赞助《国家宝藏》这一文博类节目，一方面，从核心内容关联度的角度来看，水井坊的产品与《国家宝藏》节目所展示的文物高度契合。四川水井坊本身拥有六百年历史传承的酒坊遗址以及传统白酒酿造技艺两大品牌资源，加之出土展示的大量白酒生产资料、酒具器皿等，水井坊品牌的文化内涵与《国家宝藏》所展示文化符号关联度颇高。另一方面，从内容的展示传播来看，四川水井坊在这一时期将广告语改为"每一杯都是活着的传承"，其品牌建立的价值观与《国家宝藏》的内涵高度契合。

第三，通过推进数字化建设，助力品牌营销。网络时代的到来，给传统营销带来了很大冲击，网上购物要比传统方式更方便快捷。由此，面对网络的冲击，白酒营销需要创新，需要以数字营销建立和消费者之间新的沟通方式。总体来说，以营销数字化来实现转型，主要是通过营销场景数字化、酒品溯源（区块链售前防伪溯源，确保酒品真实且唯一）、白酒证券化等方式实现。譬如，四川水井坊开启了营销数字化的进程，搭建了不同的微信小程序满足不同终端的消费需求，如水井坊英雄汇聚、水井坊悦坊会积分商城、水井坊高端宴席体验等，运用营销数字化能力有效提高营销互动触达效率。此外，为了消除因网络营销可能会存在假冒伪劣产品，而给消费者带来的心理不安感，作为川酒"老大"的五粮液集团借助了一物一码数字化技术实现精准营销、防伪、溯源功能，同时通过"箱码—盒码—盖内码"三码合一的方式，实现层层扫码及货流跟踪监控，进而实现数字化渠道运营和终端赋能，解决窜货、营销等问题。同时，五粮液集团上线了五粮液数字酒证，通过数字酒证与五粮液实物酒一一锚定的区块链加密电子提货凭证，即每一个酒证与一瓶五粮液实物酒对应。而舍得酒业也诞生了动态酒龄这一概念，动态酒龄由产品的基酒酒龄+瓶储后的累计时间构成，消费者通过扫描酒瓶二维码，就可直观地看到这瓶酒从酿造、坛储，到开瓶时的酒龄，公司借此来强调产品的真实性以及溯源的便捷性。

第四，助推川酒国际化，培育世界性品牌。《中国酒业"十四五"发展指导意见》重点提到了中国白酒资本的国际化："培育世界品牌，必须扩大视野，在世界范围内寻求资金支持，疏通国际资本市场融资通道，积极吸纳国际货币市场和证券市场的资金，并注重资本效益，以资本国际化发展带动品牌走向世界。"近几年，头部川酒企业都在进行有针对性的国际化的投入，比如五粮液集团牵头成立了"国际名酒联盟"，推动新时代下中国酒业竞合发展并积极构建全球营销体系，先后在德国杜塞尔多夫、中国香港和美国纽约建立营销中心基地，搭建平台，多点撬动，努力推动五粮液集团在国际上的发展。泸州老窖集团也利用国际会议等机会参与

"一带一路"高峰论坛、金砖国家领导人会晤、达沃斯论坛、俄罗斯世界杯等具有全球影响力的论坛、会议以及赛事，并且连续开展国际诗酒文化大会、"让世界品味中国"全球文化之旅、"泸州高粱红了"等文化活动，进行品牌传播与宣传，让世界更多了解泸州老窖这一中国优秀白酒品牌。同时，舍得也通过亮相意大利米兰时装周、推出首款国际产品舍得泰安古酿等方式传递品牌文化基因，推动品牌的国际化发展。

4　川酒产业文化建设的主要做法

　　以五粮液、泸州老窖、郎酒、沱牌舍得、剑南春、水井坊"六朵金花"为代表的川酒在长期的产业文化建设中，不但成就了川酒的产业品牌，也培育了川酒的文化形象。在总结了单线发力、多点并进、全面铺展三个发展阶段之后，我们已经在时间轴上纵向梳理了川酒产业文化建设的历史脉络。川酒产业文化建设当前究竟做得怎么样？主要有哪些具体的做法？又有哪些成功的应用案例？针对以上这些问题，本章将把目光聚焦在横向层面的当前川酒产业文化具体的一些做法实践上来，通过对"六朵金花"近年来的文化建设的总结分析，一窥川酒产业文化建设的主要操作策略。

4.1　IP 联动：品牌合作实现文化搭车

　　白酒行业作为一个传统行业，讲究不违天时、古法酿造。从川酒产业来看，传承数百年发展工艺的酒企本身承载了丰富的文化底蕴和历史故事，但由于其技艺的独特性和受众的针对性，整个产业形象面貌较为封闭和单一。所以在长期的文化建设和营销实践当中，川酒企业更多的是通过跨行业的 IP 联动方式来建构自身的文化形象和品牌理念。IP 联动本意指品牌与影视剧 IP、游戏 IP、动漫 IP 等之间针对某个项目或者某个产品的短期或者长期的商业合作，IP 联动可以给品牌和 IP 拥有方带来双赢的效果。在川酒产业的文化建设实践中，合作双方主要通过赞助营销、品牌联名两个层面的 IP 联动方式来实现"文化搭车"的效果。

4.1.1 赞助营销

赞助营销一词的英文为"sponsorship",但是由于这个词汇包括了赞助的本质和赞助营销的本质,因此 sponsorship 往往具有了双重的内涵。其本质是一种传播工具(Meenaghan,1983)。因此,本书中赞助营销被定义为"对某项活动(运动赛事、娱乐事件或非营利性组织)进行金钱上的投入,最终可以因为与这项活动间的潜在联想而得到回报"(International Events Group,2000),"通过赞助这些活动,企业得以在这些活动中展示他们的品牌、标识或广告信息"(Richard J. Semenik,2005)。在产业文化建设的层面上来讲,川酒企业通过赞助营销的行为,往往可以发掘品牌内在价值与节目内涵的共同性,从而实现意义联想,丰富自身的文化形象。

4.1.1.1 文化节目赞助

文化是一个国家和民族的灵魂。在这个信息爆炸、价值多元的时代,怎样才能更好地传承传统文化,让传统文化不再束之高阁,成为新的时代命题。近年来,主流媒体力求从中国传统文化中寻找原创资源,发掘文化魅力,带动越来越多的人关注中国传统文化。文化的影响力显然已从学术领域悄然走入寻常百姓家,《中国诗词大会》《朗读者》《国家宝藏》等文化类综艺节目用大众喜闻乐见的方式,带来了一场传统复兴般的文化盛宴,向人们展示了中华文化的源远流长与动人魅力。

随着文化节目从"清流"变成"潮流",不断推陈出新,呈现百花齐放之势,文化节目的商业价值也受到了市场的高度认可。由于川酒品牌的消费人群与文化节目的目标受众高度契合,其产业文化建设的目标与传播优秀传统文化的核心理念也不谋而合,川酒企业借助文化节目这股东风丰富品牌意义和文化内涵的新方式有先天的优势。川酒企业频频冠名文化类节目,成为央视、卫视甚至视频网站文化类节目的最大金主,在整个酒水行业都刮起一股"冠名热"。而真正掀起这股热潮的,具有典型意义的一次事件,就是 2017 年 11 月四川水井坊成功拿下央视大型文博节目——《国家宝藏》的独家冠名权。《国家宝藏》以故事演绎的方式复兴传统优秀文化,让后者在年轻人中"活起来",当时正值四川水井坊升级品牌战略,聚焦"600 年活着的传承"。因此从这一层面来说,两者在社会效益上都是为了传承传统文化,都是为了赋予传承千百年的文化精髓以新生,让其在当代、后世生生不息,目的都是承载和活化文明记忆。冠名之举也极大地提升了水井坊品牌的文化内涵，让其品牌形象深入人心。

2018 年开始，五粮液集团连续三季独家冠名《上新了·故宫》。同时，五粮液集团还携手重磅推出的新品"经典五粮液"伴随节目，深度解读故宫经典文化、经典文物、经典故事，向更多消费者传递二者六百年的文化传承和深厚的历史底蕴。2021 年，五粮液集团冠名纪录片《紫禁城》。五粮液集团以中华优秀传统文化为根基，借助新颖的呈现方式，实现了对民族文化的创新表达，唤醒更多年轻人关注和热爱中国历史和中华优秀传统文化，为文化积淀注入新的生命力。泸州老窖集团也连续三季与央视节目团队共同构建起英雄榜样与观众之间的艺术桥梁，在致敬时代人物的奉献担当、传达中国人的信仰和时代精神之中，和无数观众、网友同频共振，展现泸州老窖作为中国名酒的文化底蕴。

除此之外，青花郎冠名《朗读者》、剑南春冠名《登场了！洛阳》《登场了！敦煌》等，川酒企业纷纷入局与文化节目的营销合作。在品牌冠名或植入时保持和节目调性的一致，是川酒产业建设文化形象的重要保障，也是消费者准确理解川酒品牌精神的重要前提。总体来看，文化类节目的火热让川酒企业找到了文化价值提升的新方式、品牌理念传播的新场景，并且川酒企业也认为二者的受众有较大的重合，冠名文化类的节目可以加强品牌的传播效果，加深观众心目中品牌的文化属性。

4.1.1.2 体育赛事赞助

体育赞助概念起源于西方，兴起于 1984 年的洛杉矶奥运会。美国人皮特·尤伯罗斯首创了奥运会的商业赞助模式，帮助洛杉矶奥运会扭亏为赢，促进了国际奥委会 TOP 计划和体育赛事赞助市场的飞速发展。随着体育产业的蓬勃发展，通过以体育赛事为载体和对象进行的赞助营销活动已经成为企业公认的提升品牌价值和建立品牌形象的有效途径之一。川酒产业也敏锐地搭上体育产业这一快车，纷纷布局体育赞助领域，借由体育文化为自己的品牌增添新的意义。

纵观近几届世界杯，白酒企业从未缺席。2018 年世界杯期间，五粮液集团就曾推出世界杯相关产品"万店浓香"限量款纪念酒，同时还举行了"万店浓香世界杯"观赛之旅活动，向世界展示"大国浓香 中国酒王"的品牌形象，传播中国优秀白酒文化。泸州老窖集团也在 2018 年世界杯期间在莫斯科举行"让世界品味这一杯"欢迎晚宴。同时，国窖 1573 也成为进入 2018 俄罗斯世界杯官方款待包厢唯一中国白酒品牌。2022 年，五粮液集团又推出 2022 "举杯挚爱" 限量版纪念酒，泸州老窖集团推出 FI-FA2022 卡塔尔世界杯官方授权白酒。白酒企业重视体育事件营销，一方面是利用世界杯的热度吸引消费者对品牌的注意力，另一方面则是希望通过体育事件营销维持品牌热度，提升品牌高度。同时，创造更多的时间机会和空间机会让消费者更多接触到品牌元素，从一定程度上提升品牌好感，增进品牌黏性[①]。

4.1.1.3 影视剧作赞助

除文化节目、体育赛事之外，对高品质的影视剧作的赞助同样成为川酒产业构建自身文化素养的重要手段。优质的影视剧作本身具有丰富的故事性、充沛的情感性和价值的导向性。携手高质量的影视剧作，能够巧妙地将川酒自身的品牌故事与影视剧作进行结合，在观众的心智中融合共通，实现记忆联想的效果，既借助流量拓宽川酒的传播路径，又借助故事内核融合传递川酒文化。

2022 年年初，CCTV-1 开年大剧《人世间》一经播出，就实现了流量与口碑的双丰收。而舍得酒业作为《人世间》的荣誉品牌，也凭借该剧强势输出自身的品牌价值观。《人世间》所具备的年代感、真实感、醇厚感以及主人公周家三姐妹所展现的不平凡的故事和舍与得的人生智慧，打动了无数观众。舍得，是艰苦奋斗忘我奉献，也是舍我其谁勇敢担当。这些都与舍得酒业的价值内核与"匠心酿造沉淀智慧"的品牌文化交相辉映。毫无疑问，舍得酒业携手《人世间》所产生的传播势能，也再次印证了品牌自身强大的文化渗透力。

实际上，这已经不是舍得酒业第一次通过赞助影视作品的方式来提升品牌文化力量了。2018 年舍得酒业就联动《大江大河》致敬改革开放中的中国智慧，与改革创新的时代特征进行高度融合，在对剧中各阶层行业的先行者致敬中，引出品牌故事和奋进历程。2021 年，舍得酒业作为独家赞助合作伙伴，"参演"了年度热播剧《小舍得》，双方共同探寻"舍得式"亲子关系，"成年人的世界，就是有舍才有得"贯穿整个剧情，诠释品牌当代的"舍得智慧"和"舍得精神"。同年 6 月，舍得酒业还"参演"了现实主义剧《美好的日子》，该剧讲述了时代背景下建设者们的命运沉浮，剧中传递出的国人的青春热情与沱牌"悠悠岁月酒，滴滴沱牌情"的岁月

---

① 翟枫瑞. 冲击世界杯 白酒企业布局体育营销 [EB/OL]. (2022-11-30) [2023-01-15]. 北京商报百家号 https://baijiahao.baidu.com/s? id=1750921122196356592&wfr=spider&for=pc

情怀相呼应，并在剧中再现了其凭 93 分的高分荣获"中国名酒金质奖"的岁月荣光，唤醒国民记忆。

4.1.2　品牌联名

在品牌的营销中，由两个或多个品牌联合发布一款产品，并赋予产品为联名款来进行营销的行为被称为品牌联名。早年间，品牌联名多出现在以时尚界为代表的消费领域，品牌与品牌联名、品牌与娱乐明星联名、品牌与艺术家联名、品牌与文化联名等联名行为都能掀起一波消费者的抢购热潮。在"联名"现象持续走红的背景下，川酒产业同样瞄准了这一方式，期待以打造联名款文创酒来彰显自己的文化底蕴和高端形象。近年来，文创酒因其"限量发售"颇具收藏价值等因素持续火热，成为当前川酒文化发展的一大趋势。

近年来，品牌联名成为五粮液集团开发文创酒的新方式。2018 年，五粮液集团主动出击，成功与故宫这一历史大 IP 交融，不仅成功冠名《上新了·故宫》，彼此还深度合作推出了一款富含故宫文化元素的爆款酒品——九龙坛，将故宫的庄严祥瑞文化与五粮液的品牌理念完美结合，打造了文创酒的全新高度。五粮液集团后又在节目第三季时与故宫再次合作推出"八方来和"文化创意产品，这也是第一至第八代五粮液首次"同堂"。八次产品迭代，不仅见证了五粮液集团的奋斗史与发展史，更见证着中华民族的生生不息。"八方来和"的推出，是以传承 600 年的古窖浓香庆祝 600 岁的故宫风华。以六百年敬六百年，是五粮液集团与故宫在新时代"文化自信"背景下的共同携手，二者以传承为源，共同推动中国传统经典文化不断发展，推动中国白酒文化以更高效的途径融入新时代潮流生活。

除了与"故宫"这样的传统文化大 IP 进行品牌联名，在新消费趋势下，五粮液集团也十分注重丰富自身的文化内涵。2018 年，五粮液集团联手时尚珠宝品牌施华洛世奇打造了首款国际时尚白酒"五粮液·缘定晶生"。此次联名的核心概念为"爱情"，产品借以璀璨水晶来诠释纯洁神圣的爱情，整个瓶身高贵典雅，精湛的工艺配上浓香热烈的五粮美酒，缔造出极具"东情西韵"的唯美爱情珍品。据五粮液集团相关负责人介绍，五粮液作为中国白酒文化的代表彰显豪迈的男子气概，施华洛世奇作为时尚文化代表体现了女子精致优雅的内涵。双方携手正如男子与女子的美妙姻缘，口感与美感的碰撞融合，不仅体现了施华洛世奇素有的时尚理念和国际视野，更是将五粮液传统精深的中国酒文化展现得淋漓尽致。

2022 年 1 月 12 日，五粮液集团官宣与极氪汽车合作，推出"极氪晤·致敬"的联名白酒。官方海报这样解释：当极氪遇到五粮液，是曙光之前的每一份沉淀与酝酿，是人生路上的每一段发酵与欣赏，是奔赴未来的每一次尝试和想象。一边是白酒行业的"传统豪门"，一边是汽车行业的"前沿新贵"。五粮液集团与极氪汽车的此次联名合作对于其自身文化形象建设来说有别于过往主攻悠久的传承历史和文化底蕴，而是用五粮液的醇和极氪的燃，讲述 Z 世代年轻人对于生活的态度、理想的追求、人生感悟。五粮液集团通过这次别出心裁的"酒""车"合作，试图塑造一种洒脱、自由、创新的品牌形象，这既是五粮液集团作为一家传统酒企对年轻市场的拓展，也是对自身所代表的川酒文化的丰富与补充。

川酒企业中，品牌联名的行为也绝非五粮液集团一家独有。2021 年，郎酒集团联合天猫与甘肃省博物馆打造集东方美学、历史文脉、白酒文化于一身的青花郎系列纪念酒；同年，四川水井坊携手《国家宝藏》推出了首款深度定制的联名特别产品——水井坊新典藏国家宝藏三星堆纪念版；2022 年，泸州老窖集团联名长虹企业推出"为底气干杯"小酒礼盒，彰显始于初心、臻于匠心的"四川精神"。在品牌联名的热潮下，川酒企业正各出奇招、百花齐放。

4.2 品牌叙事：内外建构赋魅品牌文化

川酒产业在全国白酒行业中具有举足轻重的地位，怎样将独具特色的川酒文化从历史积淀中提炼出来，怎样将不同川酒企业的独特故事和而不同地传播开来，对整个川酒产业文化建设来说至关重要。基于此，为了发掘具有独一性、差异性的文化故事，各川酒企业除 IP 联动这样的举措之外，也在着力构建自己的品牌故事。各家酒企一方面纵向挖掘企业发展的历史脉络，另一方面也横向采用跨媒介多元传播的方式来丰富品牌的文化形象。

4.2.1 注重故事挖掘

通过叙事来加强企业文化建设，首先要讲述历史故事。对历史传统的叙述构成了企业文化的内在底蕴和重要根基。只有对"企业从哪里来"这一问题进行深入挖掘，才能从根本上建立起企业的品牌形象。将企业的发展历史用故事的形式加以呈现，能够将文化传承中的闪光点在消费者中广泛传播。因此，讲好企业的历史故事对推进企业文化建设来说非常重要。

从唐代的重碧春酒，宋代的姚子雪曲，明代的杂粮酒到现在的五粮液酒，五粮液传承千载，拥有悠久的历史底蕴和丰富的文化内涵，被誉为中国白酒文化的集大成者，是中华民族"中庸和谐"文化的智慧结晶，五粮液品牌中蕴含着丰富的故事资源。如邓子均的故事、五粮液名称的由来、每一代五粮液背后的故事、五粮液窖池的故事、五粮液酒厂的故事等；泸州老窖在悠久的历史中也写下了独特的品牌故事，如泸州老窖酒传统酿制技艺开创者郭怀玉的故事、泸州老窖三十六坊的故事、泸州老窖龙泉井的故事等；还有剑南春，如剑南烧春的故事、剑南春由来的故事以及天益老号的故事等。为讲好白酒故事，五粮液集团积极借力，用传统手工泥塑方式制作微缩场景人物，联合著名纪录片导演拍摄《杯酒千年》品牌 TVC 视频。在视频中，通过传统手工艺人独具匠心地捏制，长江源头、明初古窖、利川永酒坊、晚清得名、民国首登国际盛会等历史场景被生动还原，为五粮液的传承发展定格下重要的历史时刻。正如五粮液集团董事长曾从钦所言，五粮液将坚持"弘扬历史传承，共酿和美生活"使命，把"和美五粮"贯穿发展始终，大力践行"和美种植""和美酿造""和美勾调""和美营销""和美文化"，讲好中国白酒故事，持续满足消费者对美好生活的向往需求。

川酒产业的发展正是建立在其悠久的历史传承基础上。川酒产业文化的建设更加需要从历史与文化传承中充分汲取养分，进一步展现川酒的文化自信，丰富品牌内涵，提升文化价值。

4.2.2　强化立体传播

跨媒介叙事的概念最早由美国学者亨利·詹金斯提出，即"一个整体要素在多个（媒体）渠道中系统地分散，以创造统一和协调的娱乐体验的过程"。跨媒介叙事从营销层面上来说指一种利用电影电视、漫画小说、游戏以及网络等多种媒体形式和语言进行叙事和营销的策略。大众传播时期，电视、报纸等媒介渠道是川酒企业在文化建设实践中最重要的主阵地。无论是五粮液集团经典音乐电视广告《爱到春潮滚滚来》，还是五粮春斥资 6.08 亿元夺得央视广告标王称号，都反映了大众媒体时期川酒企业在自身品牌形象方面对传统媒体的依赖。而随着数字技术的迅猛发展以及社交媒体的广泛应用，门户网站、视频平台、微博、微信、购物平台等都成为川酒企业的新型文化传播渠道。通过跨媒介叙事，川酒产业文化实现了更加立体化的传播效果。

2020 年，五粮液集团在其 12·18 超级粉丝节期间就推出过"云游五粮造美酒"H5 互动游戏来吸引消费者参与。从 2020 年 12 月 16 日起，H5 小游戏就陆续在各大传播平台和电商平台上线。酿酒的流程在游戏中被真实还原。粉丝打开链接后，可以开启酿酒之旅，通过取水、播种五粮、包包曲、入窖、分层起槽、勾调、包装贴标等环节，酿出至臻浓香美酒，还可邀约好友斟酒共饮。五粮液集团以新颖有趣的新媒体手段，增强了粉丝们"过节"的体验，传递了五粮液集团的酿酒文化。

2021 年，五粮液集团在其 H5 互动体验的基础上进一步创新。为了打造第 25 届超级粉丝节，形式上，五粮液集团创新打造了"云游记"小程序，全程链接"诗酒之旅"微综艺、微纪录访谈、长江漂流瓶、共创酒等内容，颠覆了以往品牌 TVC 的广告模式，以极具综艺感和互动性的方式弱化广告属性，更增强了消费者体验感、参与感，让消费者进一步感受五粮液的匠心品质与和美文化。内容上，五粮液集团通过极具质感的内容有效调动受众对品牌的感知力。"诗酒之旅"微综艺以更有温度、更有文化、更有深度、更有思考的高品质内容脱颖而出，为五粮液集团与消费者的品牌"沟通"提供了交流场景。

社交媒体时代，视频往往比文字和图片承载的信息量更大、传播信息的效率也更高。利用视频创新传播内容、讲述品牌故事也成为五粮液集团文化建设中的重要手段。2022 年 6 月 11 日，五粮液集团联合《舌尖上的中国 2·相逢》的导演拍摄的《杯酒千年》品牌 TVC 视频正式上线。视频由传统手工泥塑方式制作微缩场景人物，以五大场景（长江源头、明初古窖、利川永酒坊、晚清得名、民初首登国际盛会）精准复刻了五粮液的经典历史时刻，利用时空的微缩将宏大的叙事篇章浓聚在一支短视频中，为观众讲述中国白酒精彩的品牌故事。《杯酒千年》通过这样的创新视频手法与传统的文化历史内核相结合，一经上线便在社交媒体上迅速刷屏，引发了业内外人士的高度关注与持续讨论。

其他品牌跨媒介叙事也亮点频出，如舍得酒业通过打造自有高端文化节目《舍得智慧人物》，邀请了多位推动行业和社会进步的领军者，分享他们在各自领域前行之路上的抉择故事与取舍之道，既丰富了"舍得精神"的价值内核，又广泛弘扬了舍得酒业的"舍得文化"。郎酒集团也以文寄情，出版了《郎酒里的节令》《酱香郎酒主题款与纪念酒——鉴赏与收藏》两本书籍。前者记录着红花郎与消费者的幸福时刻，后者见证着酱香郎酒主题款与纪念酒的集体风华，二者共同传递了郎酒品质、品牌、品味三品文化的自信。

4.3 链接传统：文化表达凸显中国元素

中国白酒是中国文化不可或缺的组成部分，二者有着深厚的关联。白酒兼具物质与精神双重属性，是特殊消费品中极具文化符号的产品。以川酒"六朵金花"为代表的高品质中国白酒伴随中国优秀文化传承千年，是中国优秀文化的重要载体。如何将源远流长、博大精深的中国传统文化与白酒巧妙结合成为川酒产业文化建设中至关重要的命题。通过考察"六朵金花"的建设实践，在深度链接白酒与中国元素方面大体分为两种：一是推出具备符号性质的文化酒，二是在中国传统节日举行特定活动。

4.3.1 符号意义与视觉突破

符号是形式与意义的统一体。王一川、张洪忠等学者将"文化符号"定义为："能代表特定文化形态及其显豁特征的一系列凝练、突出而具有高度影响力的象征形式系统。"[1] 具体来说，中国文化符号可定义为反映历经岁月沉淀且具有中国特色文化的凝结式标示，是可以代表中国精神文化和物质文化的符号载体。奥古斯丁认为，符号是一个能让我们想起另外一个事物的事物。中国文化符号应当让人们在看到这些符号标示之后就可以联想到中国文化。

而文化酒是导入了中国文化符号，不局限于单纯的饮用功能，还产生了较高文化附加值的酒类产品。具体来看，文化酒依托历史、地域、人物等文化资源，在酒产品的造型、酒体、规格等方面进行了创新。近年来，

---

① 王一川，张洪忠，林玮. 我国大学生中外文化符号观调查 [J]. 当代文坛，2010（6）：4-20.

川酒各大企业推出了众多在概念命名上和包装设计上都具备鲜明中国传统元素符号的文化酒。并以此为媒，川酒品牌一方面创新白酒展现形式、提升纪念价值，另一方面传承传统文化、彰显企业品格。

作为中国白酒的典型代表，五粮液集团早在1996年就推出了真正意义上的文化酒"一帆风顺"，引领白酒行业开始重视对于酒品文化形象的包装建设。"一帆风顺"由水晶玻璃一次性制作完成，通体晶莹剔透，外形为水滴造型，内为帆船造型，正面印有郑和下西洋的画面。此后，五粮液集团不断从传统文化中汲取灵感，持续提升文化酒的内在价值。

2012年，五粮液集团推出"酒中八仙"系列，源起诗圣杜甫写的《饮中八仙歌》，以高科技的烤花烧瓷技术，烧制出全套皎白如雪的艺术浮雕酒瓶，瓶体印有吴派画家精妙的工笔画，八仙才俊，栩栩如生，跃然瓶上。就连酒瓶盖的设计也匠心独运，因应八位才俊的个性特征，分别饰以相应的文化象征符号。包装箱内还含有根据国画大师黄永玉"酒中八仙长卷图"限量印制邮票及黄永玉绘画的八仙图画轴。

2018年，"五粮液·虎符令"酒问世。虎符是古代调兵遣将的凭证，同时也是信任、忠诚、责任的象征。虎符令酒则是五粮液践行"对国家信任、对国家忠诚、勇于肩负国家责任"的民族精神之后结合"虎符"这一符号的产物。在外观设计上，虎符令酒弃用了酒类市场中常见的"热情红"，而选择了沉稳优雅的"和平蓝"，给予人们安全、和平之感，瓶身弧线简洁大气，光泽优美细腻，彰显了"稳中求胜"的国之荣耀。

2022年6月，"五粮液·千里江山"正式发布。作为一款高端文化收藏酒，千里江山定价128 000元/坛，规格为5升/坛，酒体度数高达70度，其创作灵感源于传世名画《千里江山图》。产品外以紫檀为盒，配以如意锁具，瓶身印有《千里江山图》的图样，形成"开盒即见千里江山"的美好寓意。五粮液借《千里江山图》大好河山以及人与自然和谐相生的"和美"状态，深度契合五粮液"美之为美，关键在和"的文化智慧，将五粮液的品质价值、文化价值推向了一个新高度。

2022年11月，在第106届全国糖酒商品交易会期间，五粮液集团正式推出兔年生肖纪念酒、五福熊猫、和美中国三大系列文化酒。兔年生肖酒以十二生肖"兔"作为创作原型，三只玉兔一组，以数字三寓意"望月生兔，三生万物，美好生活，生生不息"的美好祝愿。造型上，两大一小的可爱兔子融入了长生锁、红丝带元素，增加了启封的仪式感，更是对传统文化的表达。五福熊猫系列则以国宝大熊猫为原型，展现了 5 只憨态可掬的大熊猫形象，他们由一对熊猫夫妻和 3 个熊猫宝宝构成，分别代表着"寿""善""富""康""德"，寓意五福临门，致敬"家文化"，表达了对和美家庭的美好祝愿。和美中国系列从"和而不同，美美与共"传统文化思想中汲取灵感，由 34 支产品构成，分别对应中国 34 个省级行政区，每款产品巧妙融入当地地标性的文化元素，表现出了个性化、地域化的文化特征，寓意中国和美、包容、团结。

不仅是五粮液集团，另外几朵"金花"同样在文化酒上别出心裁。

泸州老窖集团自 2019 年起推出生肖文化系列酒，一年一款，以十二生肖为主旨，将白酒文化和传统文化相结合，既体现了中华传统文化的价值，也暗合"见证前行的每一步"的品牌主张。

2019 年四川水井坊推出龙凤珍藏系列，以祥瑞形象打开礼赠市场。龙凤珍藏系列选取了"龙凤"两大瑞兽超级符号进行演绎，借"龙凤呈祥"传递吉祥如意、祥瑞安康等一切美好的祝愿。设计上，该系列汲取两大中国传统非遗技艺——蜀绣和大漆的美学灵感，于外盒和瓶身上描绘出祥瑞的龙凤图腾，"龙"瓶以蓝色为主调，金色祥龙跃然其上，霸气威严；"凤"瓶以红色为主调，凤羽灵动、雍容华贵。非遗元素结合瑞兽文化，将东方文化艺术之美演绎到极致。

舍得熊猫酒，则以熊猫形象为设计特点，其憨态可掬、极具匠心与中国传统韵味的包装，呈现出一种自然幽雅、颇具灵气的质感。

青花郎白釉青花纹酒，采用手工贴花釉中彩传统烧制技艺，釉中彩既有青花郎宝相花图案的延续，也有元青花经典蕉叶纹、莲花纹等元素的传承。

文化酒之于川酒产业，不仅仅是商业营销行为，更是川酒产业展现中华优秀传统文化、深化品牌价值内涵的必要之举。

4.3.2 情感共鸣与互动狂欢

中国传统节日是中华文化的重要载体，展示了丰富的文化内涵和厚重的人文情怀。它将民俗和历史文化联合起来，包括了信仰、自然、人文、祭祀等丰富多样的文化内容。逢年过节时，人们往往阖家团聚、走亲访友、共贺佳节，这体现了中国人的民族个性、社会伦理、家国情怀和对幸福生活的积极向往和追求。而随着消费社会的到来和消费文化的盛行，节日成为大众释放消费欲望的契机。川酒企业也开始多方位开发举办节日活动，渲染节日氛围，将白酒文化与传统节日文化互相融合。同时，川酒企业还借助新媒体构建节日话题激发消费者参与互动，与消费者共享传统佳节。

4.3.2.1 春节

春节是我国最隆重的节日之一，具有悠久的历史，从古至今，春节在不同朝代都有着较高的社会地位。春节所蕴含的阖家欢乐、国泰民安、辞旧迎新等内涵与白酒文化十分契合。因此，春节期间一直都是白酒行业营销推广的黄金时期。

2022 年春节，五粮液集团秉持"春节不打烊"理念，线上线下齐联动。线上推出了"五粮液年货节"活动，呼应春节置办年货的习俗。消费者参与年货节活动有机会获赠"熊猫酒具礼盒""四方纳福汝窑茶具"等限量新春礼物。在"五粮液专卖店云店"小程序中，消费者可通过集齐"平安福、奋斗禄、运动寿、知足禧、和气财"五张福卡，参与金玉满堂礼盒、五粮液缘定晶生（戒指款）、价值 9 999 元的 1.5 升经典五粮液的抽奖活动。线下则推出了"吉虎迎瑞"礼盒、"五福呈祥"礼盒等多种福利活动，烘托喜迎虎年、吉祥如意的团年氛围。此外，五粮液集团还推出"盛世中国宴"活动，消费者办婚宴、寿宴、满月等各种宴，购金装五粮液、五粮液 1618、39 度五粮液达 3 件，宴席达 5 桌，就可领取 5 升宴席收藏酒一坛，让五粮液与春节宴席文化深度绑定。

2017 年春节前夕，剑南春集团成功举办了主题为"醉美中国，世界共享"的纽约文化周活动。活动期间，剑南春集团携手中国传统文化惊艳亮相联合国，包括潘基文、福布斯等国际名流在内的嘉宾们盛赞了剑南春的历史价值、文化价值以及品牌价值。现场还布置了剑南春历史墙、剑南春鸡尾酒调制区，用美酒搭建起中西友谊桥梁，晚宴也使用了剑南春美酒，无一处不体现"醉美中国，世界共享"的主题。2019 年以来，剑南春集团就曾连续三年登陆纽约时报广场，举办贺新春晚会，向全球人民展现中国文化和白酒的魅力。2022 年，剑南春集团借势春节和北京冬奥会，将产品与传统聚饮场景以及时代内容相融合，以"家国同春"为主题，着力打造中国人"年夜饭"指定用酒品牌形象，多维度展现产品及品牌文化。

4.3.2.2 端午节

端午节也是我国重要的传统文化节日，其两个标志性的习俗活动就是划龙舟与吃粽子。当下,端午节更是集欢庆娱乐和饮食为一体的民俗大节。

2019 年端午节期间,泸州老窖集团于 5 月 20 日启动了"粽情享好礼——泸州老窖·过节的味道"端午节购物狂欢活动。消费者于活动期间在全国各大商场、超市、名烟名酒行、泸州老窖连锁专卖店等购买泸州老窖指定产品,都可获得各渠道专属促销奖励。另外,消费者在购买泸州老窖指定产品并完成信息登记后,还有机会获得泸州老窖集团提供的价值 5 999 元的专属旅游大奖。2019 年 6 月 1 日至 6 月 7 日,泸州老窖集团在 5 个省和 1 个直辖市,共 6 个白酒重点销售区域投放了朋友圈广告,直接触达 400 万消费者。一时间,"泸州老窖绿"刷爆朋友圈,此举助力泸州老窖集团在这次节日节点营销大战中成功突围。此外,泸州老窖集团官方公众号和泸州老窖集团官方微博也同步上线微博转发抽奖、微信有奖助力、小程序抽奖等不同形式的有奖活动,同样激发了粉丝们的参与热情。其中,"端午聚餐,老窖请酒!"活动的 108 瓶奖品酒,在 30 分钟内就被幸运消费者抽取一空。这些线上活动,也为泸州老窖集团的端午促销狂欢增添了热度。

2021 年,泸州老窖旅游区举行了"酒香伴粽香,非遗人人享"活动,每天在国窖 1573 广场进行江阳花船传统舞蹈表演,并在国窖 1573 广场设置五个网红市集摊位:粽子摊位、香囊香包摊位、油纸伞摊位、文创摊位和肖鸭子摊位。活动期间,景区的船山楼上也每天进行古筝演艺,在船山楼下,身着明代服饰的员工和游客一起进行投壶、猜枚、飞花令等传统游戏。

4.3.2.3 七夕节

七夕节因牛郎织女的神话故事而被认为是中国最具浪漫爱情色彩的传统节日,在当代更是产生了"中国情人节"的文化含义。

郎酒集团旗下的红花郎系列因其红艳喜庆的特点与七夕爱情的主题遥相呼应。2022 年七夕节当天,郎酒集团在郎酒庄园举行"酒满红花郎,幸福庄园游——2022 年郎酒庄园红花郎幸福之旅"活动,邀请了来自全国各地的百位红花郎宴席消费新人,开启了一段爱情与美酒相伴的幸福甜蜜之旅。百位新人在郎酒庄园内了解红花郎的独门秘籍,感受郎酒千年酿造工艺,参与了敬天台封装专属星座酒、幸福打卡地许愿纪念等众多活动。

七夕节这一天,四川水井坊与中国非公立医疗机构协会共同在长沙举办了一场以"新禧礼"为主题的特殊婚礼——16 对一线医护人员举行结婚仪式。本次集体婚礼包括迎亲、敬茶改口、交换信物、宣誓、合卺交杯、封藏礼成等仪式环节，完全参照传统中式婚礼的习俗进行，而这正是四川水井坊在传统婚礼仪式上创新的新禧礼 IP 的"首秀"。新禧礼创新婚礼仪式明确传递出品牌新价值主张，既传承了传统中国婚礼文化，也满足了新一代消费人群的价值诉求。

4.3.2.4 中秋节

在中国人的传统节日中，中秋节是仅次于春节的第二大节日，其核心主题就是寄托中国人期盼团圆的家庭情感和民族情感。中秋节与酒的文化息息相关，历史上有众多的文人志士对月著文"明月几时有，把酒问青天""芳尊美酒，年年岁岁，月满高楼"等。川酒各企业也以中秋为契机各出奇招。

五粮液集团以"和美五粮，中秋共享"为主旨组织系列品牌文化推广活动：以"中秋和美月宴，有酒才是团圆夜"为主题，与《三联生活周刊》联合推出中秋节创意 H5 互动活动；以"玉兔的中秋冒险"为主线，在寻找粮食酿造美酒的过程中，串联起各个时代的中秋风俗与盛况，突破时空限制，交织出传统中秋佳节的和美氛围。同时，五粮液集团以"五粮浓香中秋祝福"为主题，结合中秋节令特征、五粮浓香品牌矩阵共性特征及各品牌具体促销活动三个维度的诉求，以 CG 动画的形式给广大消费者带去节日祝福；组织五粮醇"见证美好生活"回馈活动，通过探寻消费者与五粮醇封坛仪式的故事，深度链接五粮醇品牌与"美好生活"的概念，进一步提升五粮醇产品的收藏价值，提升其品牌热度。

2022 年 9 月 7 日，舍得酒推出中秋创意视频《情至浓时皆舍得》，以舍得老酒庆中秋团圆。以舍得精神为发力点，以老酒为核心介质，以"情至浓时皆舍得"为核心思想，继续打造"舍得时光品鉴官 IP（名人）"主题视频，邀请演员王阳担任 2022 年舍得时光品鉴官，见证并演绎家庭、老友、商务合作伙伴、爱情四大情感与老酒的舍得故事。与此同时，舍得酒以"舍得福运月饼图鉴"H5 交互的创意形式，携手时光品鉴官王阳送出盲盒版团圆福利，为粉丝定制专属中秋月饼，赢取随机舍得酒礼品。

9 月 8 日，舍得酒业中秋暖心微电影《美好团圆有沱牌》温情上线。围绕中秋，舍得酒业以"美好团圆有沱牌"为核心，持续打造"沱牌老朋友"中秋 IP。通过讲述王铮亮、陆虎、王栎鑫 15 年相伴的美好兄弟情谊、对音乐的不变热爱与坚持，演绎悠悠岁月中生活因老友相伴而美好，团圆时刻有沱牌见证的美好内涵。

9月7日至10月20日，舍得酒业在抖音发起"美好团圆有沱牌"话题、沱牌"悠悠岁月久，分享美好与团圆"视频征集活动并推出活动专属定制模板，邀请网友拍摄"回忆杀"视频或上传亲友团圆相聚视频，见证万千网友的珍贵记忆与相聚时刻的美好瞬间。系列活动的开展，引发了网友的参与热情，掀起了"舍得·中秋"的文化传播潮流。

无论是在产品上融合中国文化元素还是借势传统佳节加强品牌曝光，川酒企业通过与中国传统文化的深度链接，以及与消费者内心的情感共鸣，不仅强化了大众对川酒品牌的认知，也在无声中传递出川酒文化所包含的深厚底蕴，不断提升整个川酒产业的文化品格与影响。

4.4 文旅建设：资源开发赋能产业文化

川酒产业文化不仅是依托品牌历史底蕴的精神文化，同样也包含众多的物质文化现象，这也使得川酒文化天然具备丰富的旅游内涵。实现白酒产业与文化、旅游产业融合发展，走共赢共生新模式，已成为白酒行业等传统产业转型升级的重要途径。文旅融合指文化、旅游及相关要素之间相互渗透、交叉汇合重组，突破原有的产业边界或要素领域，彼此交融而形成新的共生体的现象与过程。胡北明、曾绍伦等人对酒文化旅游资源做了如下界定：只要能对旅游者产生吸引力，并能为旅游业所利用，带来经济效益、社会效益和生态效益的，各种与酒相关的事物和现象，都可被称为酒文化旅游资源。近年来，川酒"六朵金花"在产业文化建设中更是积极推动与文旅产业的融合，具体来看主要包括两方面的内容：一是文旅景区的建设，二是开展大型的线下庆典活动。通过对文旅资源的积极开发，川酒产业文化越来越受到游客与消费者的青睐。

4.4.1 打造文旅景区

现代川酒产业文化脱胎于对古代的历史文化遗产资源的继承，为了将川酒文化与文旅产业充分结合，四川各大酒厂纷纷以这些宝贵的史实遗产为核心，建立起景观独特、形式多样、内涵丰富、功能完备的旅游景区，这既成为拉动企业经济发展的重要引擎，也成为酒企向世人展现的最鲜明的文化名片。

4.4.1.1 五粮液集团

五粮液集团作为川酒中的龙头企业，在文旅景区建设方面也奋勇争先。五粮液旅游景区规划面积达 18 平方千米，享有"十里酒城"美誉，由老城区 501 车间明清古窖池群、南岸 503 车间明代古窖泥活态保护群落和江北园区总部基地构成，是全球规模最大、生态环境最优、文化底蕴深厚的酿酒圣地，共涉及地文景观、历史遗迹、水域景观、生物景观、建筑与设施、旅游购品、人文活动 7 大主类，设施齐全、功能完备。

以五粮液老窖池为核心的工业遗址是五粮液旅游景区的核心。以 501 车间的长发升、利川永、全恒昌、刘鼎兴、钟三和、听月楼、张万和、天赐福为代表的八大老窖池遗址是迄今为止国内建造时间最早、不间断使用时间最长、保存最完整的地穴式发酵窖池，距今已有 700 余年历史，入选中国世界文化遗产预备名录名单和全国重点文物保护单位，2018 年被评为国家工业遗产。

丰富的人文景观是五粮液文旅产业的支撑。五粮液江北园区所在地与唐宋戎州城旧址所在位置大致一致，保存有国保文物宋代旧州塔、省保文物唐代大佛陀摩崖造像、明代古刹北岩寺等一批形态完整、品质良好的文化遗存。同时，五粮液旅游景区以"讲好中国酿酒故事，传播匠人匠心精神"为使命，彰显了五粮液旅游景区古朴悠久的酿造历史和深厚的文化积淀。

目前，五粮液旅游景区已入选国家 AAAA 级旅游景区、国家绿色工厂、国家工业旅游示范基地、国内首批非遗旅游景区、四川省工业旅游示范基地等。

4.4.1.2 泸州老窖集团

20 世纪 80 年代，泸州老窖集团就充分利用全国重点保护文物"1573 国宝窖池群""泸州老窖酒传统酿制技艺"等酒文化主题资源，通过"罗汉花园式工厂""安宁现代化包装车间""泸州老窖陈列室""有机高粱基地""酒业集中发展区"等项目的建设及改造工作，形成了初具规模的泸州老窖旅游区。

2005 年，泸州老窖集团启动"国窖广场"工业旅游示范点建设项目，随即成立了泸州老窖旅游公司，在行业内率先开展工业旅游。从 2016 年起，泸州老窖集团开始探索"工业+旅游"的新模式、新业态，实施总投资 150 亿元的酒旅融合发展项目 2 个，全面建成固态酿造规模和酒曲产能行业第一、自动化程度和智能化水平行业第一的泸州老窖黄舣酿酒生态园，并建成全球最大的地下酒堡——乾坤酒堡。2020 年，在"酒旅融合"的大背景下，泸州老窖集团与中国旅游集团所属港中投达成共识，共同出资设立合资企业——中旅泸州老窖文化旅游发展有限公司，致力成为国内一流的酒旅融合标杆企业。2021 年，泸州老窖集团启动学士山片区酒旅融合项目，以洞藏文化为定位，打造酒肆一条街，发展特色工业旅游，为推进中国式现代化贡献力量。

近年来，泸州老窖旅游区先后被评为国家 AAAA 级旅游景区、国家工业旅游示范基地，入选非遗旅游景区项目。2018—2022 年，泸州老窖旅游区累计接待游客超过 240 万人次，实现文旅类综合收入超过 30 亿元。

4.4.1.3 舍得酒业

不同于泸州老窖集团与五粮液集团建设、发展大而全的工业属性与文化属性互融合的文旅景区，沱牌舍得文化旅游区依托沱牌镇，以"舍得"文化为核心，更加鲜明地凸显"文酒生态"的特点。沱牌舍得文化旅游区规划面积约 3 平方千米，主要包括 312 制曲生态园、绿色储粮基地、生态酿酒车间、陶坛贮酒库、智慧包装工场、泰安作坊、吞之乎车间等。

2008 年，由舍得酒业提出的"生态酿酒"被纳入国家标准。有观察人士表示，沱牌舍得文化旅游区是中国首座生态酿酒工业园，代表了中国生态酿酒工业的起点。舍得酒业作为生态酿酒的缔造者，多年来不断深耕生态领域，为企业的长期发展奠定了品质基础，为白酒行业的生态发展树立了标杆。目前，舍得酒业建立了占地 650 万平方米的生态园区，园区内种植有银杏、香樟等名贵植物 300 多种，绿化率达 98.5%，生态园区年平均气温 17.3℃，相对湿度 78.5%，气候温和湿润，力求打造"醉美"酒，实现人与自然、自然与酿酒之间和谐共生。

2018 年，舍得艺术中心建成，成为中国生态酿酒的地标性建筑，生态酿酒从此进入艺术殿堂。舍得艺术中心由当代艺术知名策划人朱彤先生携手国际国内多名艺术家联袂设计打造。舍得艺术中心围绕"舍得智慧"精髓，以"裁云剪水""舍得·四韵""十三梦境""舍得·重塑""舍得·信仰""舍得·有度"六大主题量身打造"舍得"六大展厅，借此将酒之工艺、酒之文化同当代艺术载体相融合，循序渐进，品味"舍得"。从传统文化到生态共生再到艺术舍得，舍得文化旅游区的一系列成果诠释了"舍得·中国智慧"，支撑了"舍得文化国酒"定位。

4.4.1.4　郎酒集团

不同于以泸州老窖集团、五粮液集团为代表的坚守"以厂代庄"模式的传统白酒玩家，郎酒集团在文旅产业建设上走出了与以上三家酒企不同的道路。2008 年，郎酒集团董事长汪俊林赴欧洲考察传统葡萄酒庄园后，认为这样的经营模式值得借鉴。之后，郎酒集团用时 13 年，耗资逾百亿，终于在 2021 年建成了中国第一座白酒庄园——郎酒庄园。

郎酒庄园整体辐射范围达到 10 平方千米，其以青花郎"生、长、养、藏"的酿造过程为基本逻辑，因地制宜，容纳了产能达到 5.5 万吨的 5 大生态酿酒产区、全球最大的高山储酒峡谷——千忆回香谷、全球最大的天然储酒洞群——天宝洞、地宝洞、仁和洞。此外还有覆土式地下建筑敬天台、以天然山谷为背景的山谷光影秀、天宝洞休闲度假酒店等。

郎酒庄园在白酒行业领域开创的"以庄代厂"模式，也是白酒行业从既往的品牌价值竞争到场景服务体验的立体式竞争的缩影。相比无形的品牌价值属性，郎酒庄园从产品生产到品牌文化，再到消费场景等一系列实实在在的沉浸式消费娱乐，将无形的郎酒文化植入到消费者的认知体验，直接满足了消费者更高维度的对于白酒的文化内涵需求。郎酒庄园的兴起大热，也为川酒产业文化建设未来发展提供了新的典范。

4.4.1.5　四川水井坊

四川水井坊在文旅产业发展方面并没有选择建设大规模的景区基地，而是依托水井街酒坊遗址，修建了成都水井坊博物馆，并将水井街打造成历史文化街巷，从而向公众展示中国浓香型白酒酿造的全过程。水井街酒坊遗址是我国第一个经科学考古发掘的，最全面、最完整、最古老、最具民族独创性的古代酿酒作坊遗址，也是蜀酒文化与中华其他酒文化相互影响发展、沉淀、创新的结晶。水井街地区是历史上成都"东门之胜"的汇聚之所，名胜景点众多，成为唐宋以来成都官民游乐的中心地区。

成都水井坊博物馆兴建于 2011 年，占地面积 18.5 亩（1 亩≈667 平方米），集文物陈列馆、非物遗产演示场所、酒文化体验中心、优质名酒原产地四位一体，集中保护和展示 600 年历史的全国重点文物水井街酒坊遗址原貌，以真实的生产场景再现国家级非物质文化遗产"水井坊酒传统酿造技艺"。

2022 年 6 月，在白酒行业的竞争正进化为品牌、文化、场景和满足消费者更高精神诉求的综合实力竞争的背景下，水井坊创造性地将水井坊博物馆进行"微缩复制"，在全国多地推出了"水井坊文化美学馆"。水井坊文化美学馆在设计上以水井坊博物馆的建筑风格为灵感，功能上设有品牌背书体验区、典藏人生体验区、酒中美学体验区、品牌文化艺术体验区及衍生产品/周边体验区。水井坊文化美学馆能对消费者的视觉、触觉、听觉和嗅觉形成持续刺激，也让品牌价值的表达更加立体、深入，让消费者在无形中增强了对于产品价值与品牌文化的认知。

4.4.1.6 剑南春集团

2010 年 12 月落成的"剑南老街"正式拉开了剑南春文旅产业建设的序幕。剑南老街以年画文化、三国文化为背景，以酒文化为主题，全长 500 米，按照明清建筑风貌建设而成。"剑南老街"牌坊下，一条平直的古街一边贯穿起"天益老号"酒坊、古窖池群等剑南春独有的御酒历史；一边贯穿起川酒会馆、历代酒肆、关帝庙古戏台、年画坊等美酒文化。整个剑南老街景区投资 1.5 亿元，按照国家 AAAA 景区标准，在"天益老号"活窖群及遗址区规划建设了规模达 23 600 多平方米的老街景区。

在剑南老街古戏台对面，是一座融剑南春窖藏、生态环境及品酌文化为一体的剑南春酒庄。不同于郎酒庄园的恢宏大气，剑南春酒庄更显得精致雅趣。它与天益老号遗址博物馆、天益老号古酒坊、明清酿酒工场共同构成"剑南春白酒庄园"。剑南春酒庄的主体功能分为三大区域：窖藏区、展示区和体验区，分别命名为"神奇酒窖""神州酒域"和"神韵酒道"。尽管没有大面积的景区范围，但剑南老街+剑南春酒庄的模式也充分展现了剑南春"天益老号"作为 1 500 年来中国唯一不断代使用至今的最古老的酿酒窖池历史的古朴韵味。

4.4.2 举办文化庆典

如果说建设规模化的文旅景区是川酒企业利用文旅资源树立品牌形象、构筑企业底蕴的相对静态的发展策略，那么定期或不定期地举办大型线下文化庆典则是川酒企业以动态的方式传达品牌文化、彰显文化自信。文化庆典指以某一文化内容为核心，传达文化内涵、弘扬文化精神为主的庆祝典礼。川酒企业的文化庆典更多聚焦于传承传统酿酒技艺、挖掘与阐释酒礼酒俗、讲述历史发展故事等方面。大型的线下文化盛典是川酒产业的一种有温度、有情怀、有生命力的文化仪式，能够营造浓厚的传承氛围，吸引广大消费者参与，构建行业与消费者的集体记忆。

4.4.2.1　五粮液集团

文化是一个国家综合国力强大的重要标志，而文化建设非常重要的一个方面就是产业文化的建设，优秀的产业文化可以赋予品牌强大的生命力和非凡的扩张能力。五粮液将"文化五粮液"纳入企业发展路径，在链接与打造文化仪式方面频现亮点。

一是打造文化IP。在中华文明发展的进程中，"和"是中华民族最牢固的文化基因，而"和美"则是民众对生活最美好的向往。古往今来，无论是"中庸和谐"的文化精神，还是"以和为贵，以和为美"的价值主张，或者是"和而不同，美美与共"的处世之道，都显示了"和美"之于中国人的重要性。近年来，五粮液集团提出"和美文化"，2022年5月20日，五粮液集团发起的首届五粮液和美文化节正式启幕，以"举杯致爱，惟愿和美"为主题，主要分为"表白和美""点亮和美""品味和美""共享和美"四个篇章，通过别出心裁的告白形式、亲切鲜活的文化表达，传播中国传统和美文化。

二是举办祭祀大典。礼有五经，莫重于祭。祭祀作为中华礼文化的重要组成部分，寄托着人们对风调雨顺、国泰民安的美好祈求。据史料记载，早在商周时期，酒就被作为"天之美禄"敬奉于神灵之前。从2007年开始，五粮液集团每年举办酒圣节，至2022年已举办26届。2022年12月16日，以"承继酒史文脉 引领和美新篇"为主题的"五粮液第二十六届祭祀大典"在五粮液酒圣山举行。这场连续举办多年的传统祭祀大典，以宏大叙事再现五粮液千年酿酒发展源流，旨在致敬中华酒文化的源远流长与博大精深，传承和弘扬中华优秀传统文化。五粮液集团举办祭祀大典，让具有千年历史的中国酒礼文化，生动呈现、焕发生机。

三是借力传统文化仪式。如五粮液集团开展中央广播电视总台2023春节联欢晚会"和美好礼"独家互动合作伙伴冠名及配套传播。在春晚直播期间的四轮抽奖中，分别抽取了五粮春、39度五粮液、第八代五粮液和经典五粮液。通过春晚的全媒体传播，以上四个单品累计触达受众110.11亿人次，网友参与互动累计达1.08亿人次，二次宣传累计实现品牌曝光量1.17亿人次。

4.4.2.2　泸州老窖集团

2008年，泸州老窖集团举办封藏大典，封藏大典以红色、黄色为主色调，庄重肃穆，从人员着装、现场礼仪、道具设置等多个角度营造古朴庄重的特色氛围。在仪式环节的设置和呈现上，主体包括祭祖仪式和春酿封藏仪式，拜师仪式融入祭祖仪式的祖训环节当中。2023 年 3 月 23 日，以"你能品味的历史 国窖 450 年"为主题的 2023 年泸州老窖·国窖 1573 封藏大典拉开序幕。封藏大典上，开典、祭祀、封藏等环节均按传统礼制进行，大典演绎了中国传统祭祀文化、礼仪文化、酿酒文化等，让人们在庄严的仪式感中感知中国白酒丰富的文化底蕴。

此外，还有国际诗酒文化大会。到 2022 年 11 月，国际诗酒文化大会已举办六届。国际诗酒大会一直把加强和促进不同民族、不同国家、不同文化背景诗人之间的沟通和交流作为宗旨，传递中国优秀传统文化的精神内核，用诗歌和美酒拉近世界的距离。历届国际诗酒文化大会举办期间，泸州老窖集团都与中国歌剧舞剧院携手开展舞剧《孔子》《李白》《昭君出塞》等文艺精品惠民演出、高雅艺术进校园、公益大师课等文化公益活动，助推中华优秀传统文化传播与发展。2022 年，双方围绕黄河流域生态保护和高质量发展这一国家战略，深入挖掘黄河文化蕴含的时代价值，首次联合出品音乐诗剧《大河》，用文艺的力量展现中华历史之美、山河之美、文化之美。

4.4.2.3 郎酒集团

郎酒集团同样十分重视对于线下文化盛典活动的组织和举办。多年来郎酒集团通过归纳总结品质品牌的实践经验，打造了体系化的、独具企业特色的郎酒文化四大品牌活动：郎酒庄园三品节、端午制曲大典、重阳下沙大典、秋酿开窖大典。

郎酒庄园三品节于 2021 年正式开启，设置品质、品牌、品味三大奖项，颁发给郎酒集团内部及社会各界为郎酒集团三品建设做出贡献的团体与个人。品质奖颁发给在技术贡献、环境保护、产能建设等方面做出突出贡献的团体和个人；品牌奖颁发给为郎酒品牌影响力提升做出巨大贡献的团体和个人；品味奖则颁给了对郎酒庄园建设、文创研发等方面将郎酒的独特韵味向外界展现的团体与个人，依托他们对极致文化的坚守，郎酒独特韵味才得以向外界展现。通过三品节，郎酒集团与粉丝们建立起一种从现实到精神的一种连接。在 2022 年三品节的启动仪式上，郎酒集团强调，将继续通过三品节这一活动，提供桥梁价值，并推出主题活动——"寻郎记"，鼓励用户共建"大家的郎酒"。

端午制曲大典、重阳下沙大典、秋酿开窖大典，则是郎酒传承古法、顺应天时的仪式性体现，在这一点上和泸州老窖的封藏大典有异曲同工之妙。端午制曲、重阳下沙，是酱香的郎酒。端午时节，气温升高，万物勃发，是制作酒曲的好时节。从端午这天开始，历经制曲、发酵等繁复工序，形成酿制美酒的高温大曲。高温大曲在次年的重阳，与米红粱拌合发酵，进入一年的酿造周期，因此，重阳下沙是新一年度酿造盛事的开始。而秋酿开窖，是兼香的郎酒。秋酿轮次酒的发酵时间更长，将冬春夏秋四季的特点烙印在香醇的酒里，显得尤为珍贵。三次酿造大典，使得郎酒文化不只藏在酒里，还能看得见、摸得着、闻得到、听得清。

四大线下活动通过建立与消费者互动的阵地，对品牌故事进行深度挖掘与广度延展，实现了品牌故事与文化价值的强势转化，为消费者创造了全新的郎酒文化感官体验。

4.4.2.4 四川水井坊

2017 年，四川水井坊"文化自信——中华匠心文脉传承与非遗保护发展论坛"在北京太庙成功举办。2018 年，四川水井坊再次携手北京太庙隆重举办水井坊传世盛典，同时还举办了庄严肃穆的秋酿仪式和拜师大典。传世盛典作为四川水井坊着重打造的文化盛典主要赋能三大主题。一是承袭传统白酒酿造技艺：通过现场秋酿场景的视频再现，让来客感受到水井坊人对古法酿造技艺的敬畏。二是传递技艺传承力量：通过现场拜师收徒仪式，彰显水井坊九代大师一脉相承的匠心，实现了"传世"价值的匠心表达。三是开启文化新生新风潮：传世盛典"并不仅仅是一场品牌活动，它背后所隐藏着的其实是四川水井坊对于传统文化的热爱与诚挚之心。将"传世盛典"进行系列化的演绎，搭建了一个能够让传统文化交流、碰撞、创新、突破的平台，指引着传统文化焕然新生的方向。

4.5 数字转型：前沿科技助力文化升级

近年来，随着数字化技术的深入快速发展，各个行业的头部企业都开始在数字化的转型布局上提速。数字化转型是利用云计算、大数据等新一代的数字技术，促使企业从战略架构、组织方式、企业文化、思维方式等方面进行全面的革新，打通企业运营管理环节的层层壁垒，推动调整生产运营模式、推动组织变革、推动营销渠道创新，催生新的商业模式，实现企业健康向好可持续发展的一种转型模式。川酒产业正在经历新思想观念、新商业模式、新生产方式等多种变革，每一个环节的创新几乎都与数字化紧密相关，白酒+互联网+数字化正在成为新的经济常态。因此，从数字化角度考察川酒产业文化建设也是题中应有之义。区别于前文所述的诸多针对展现川酒企业的历史文化和传统精神的建设实践，数字化前沿技术正在逐渐构建川酒更加现代化的新型产业文化组成部分——数字文化，具体可以从数字化顶层设计、数字化管理以及数字化营销三个部分一探究竟。

4.5.1 数字化顶层设计

川酒企业的数字化顶层设计往往是从企业的战略发展层面出发，从远景目标、经营模式、生产方式、组织架构、技术支撑等维度进行一系列的数字化转型布局。只有规划好完善的顶层设计，川酒企业才能在数字化浪潮之下找准发展定位，夯实数字基础，提升自身的数字化能力。

4.5.1.1 五粮液集团

在"互联网+"背景下，五粮液集团等白酒企业较早展开数字化顶层设计，并深化与SAP（恩爱普）、华为、阿里巴巴等工作，建设全面领先的数字化企业管理体系，打造中国白酒行业数字化转型的标杆。2017年，五粮液集团提出"二次创业"，通过战略创新、品牌创新与营销创新，坚持"做强主业、做优多元、做大平台"的发展战略，进一步做大做强酒业这个核心主业。2017年12月，五粮液集团与IBM签署数字化转型战略合作协议。2018年4月，五粮液集团数字化转型战略全面启动，五粮液集团正式启动数字化转型及IT规划、PMO及敏捷资源中心和百城千县万店（第一年）落地等首批数字化转型项目。结合在大机械制造、大包装、大物流、大医疗健康四大板块的战略规划，五粮液集团成立人工智能（Watson）创新中心，提供人工智能技术及解决方案。

2019年，五粮液集团通过确立"消费者驱动、平台化运营、数字化支撑"的总体指导思想，进一步提出"1365"数字化转型战略，完成了五粮液集团整体数字化转型蓝图规划，并在管理流程咨询基础上，开展营销前、中、后台数字化系统建设，其中包括了SAP的营销中台。

2021年举办的"五粮液1218大会"上，五粮液集团进一步指出：

① 数字化转型助推企业运营管理全面进入新阶段；② 强化基于数字化的营销全流程再造；③ 进一步优化营销组织、提高营销数字化管理能力。2022年2月，五粮液集团董事长曾从钦提出，数字化是新时代传统产业迭代转型的新动能，五粮液要加快建设"数字五粮液"，持续激活数据价值，释放数据发展红利，为企业运营管理和渠道创新赋能。

在顶层设计推动下，五粮液集团数字化转型取得一系列突破性进展：全面启动智慧门店建设，打通与渠道经销商、终端门店以及消费者之间的数字连接；形成基于大数据的决策和管理机制，持续完善、优化、贯通产供销全链条的ERP系统，实现"产、勾、包、销"有效联动；改造提升四川酒类联合交易所，努力探索数字化新业态、新模式、新应用。

4.5.1.2 泸州老窖集团

泸州老窖集团也是白酒行业里较早启动信息化建设的企业之一。2015年，在原来的数字化基础上，泸州老窖集团确定了"1573战略"：从原来的以渠道建设为核心，改成以渠道和消费者建设双轮驱动。

2018年，泸州老窖集团与腾讯智慧零售在数字化领域展开深度合作，泸州老窖集团以用户体验为切入点，在场景、运营、数据、技术等方面结合腾讯智慧工具，精准营销，实现"找到消费者—认识消费者—触达消费者"的数字化流程，在腾讯智慧零售与生态合作伙伴汉得信息的联合助力下，泸州老窖集团还依托腾讯"数据+内容+运营"优势，建设三位一体的智慧零售体系，提升面向消费者的运营能力，构建面向消费者的组织架构。

2021年，泸州老窖集团制定了十四五"136战略"，即坚定一个发展目标，坚持三大发展原则，建设"六位一体"泸州老窖，其中"数智"是"六位一体"中的重要组成部分，旨在构建起"前台敏捷、中台强健、后台厚实"的数字化架构，推动前沿技术在白酒行业的创新应用，最大化企业数据资产价值。具体来看，泸州老窖集团将以酿酒数智化项目、泸州老窖智能酿造技改项目、智能化包装中心技改项目等一系列重大项目的筹划和建设为抓手，加速推进"数智建设"战略，最终促进酿酒体系标准化、生产自动化、过程数字化和管理精细化。

4.5.1.3 郎酒集团

郎酒集团的数字化转型时间较晚，但其在数字化建设中选择与世界互联网大会携手合作，走出了一条独特的"乌镇道路"。

2019年，郎酒集团与世界互联网大会初次碰出火花，确立了品质主义发展路径。在新战略下，郎酒集团于2019年建立了品质研究院，加速推进智能制造、材料科学融合，从产学研角度积极推进品质工程建设。

2020年，郎酒集团在互联网大会上正式提出"乌镇主张"：以数字赋能极致品质，打造更潮更时尚的青花郎。郎酒集团在工艺生产层面上与科大智能合作尝试采用AI大数据、人工智能和传感器技术，在消费者服务层面上与北京慧友云商科技合作，构建了郎酒PLUS会员俱乐部，提升智能服务品质。同年，郎酒被选为承建全国工业互联网白酒行业标识解析节点，这是中国白酒行业内首个二级节点，标志着郎酒由信息化迈入数字化时代。

2021年，郎酒集团提出"郎酒乌镇路径"，以更清晰的视角，依托互联网新思想、新技术全面赋能郎酒"三品战略"、消费追求和长期追求。同年8月，青花郎与互联网大会签订三年之约，以长跑心态坚守数字化建设。

2022年，郎酒集团提出"乌镇实践"：郎酒正以数字赋能品质、品牌、品味，从生产到用户全链路进行"乌镇实践"，积极运用互联网思维，思考审视产品、用户、市场、品牌等商业生态。

4.5.2　数字化管理

数字化管理指利用计算机、通信、网络等信息技术，通过统计技术量化管理对象与管理行为，实现研发、计划、组织、生产、协调、销售、服务、创新等职能的管理活动和方法。为了持续激活数据信息价值、提高企业生产服务效率、释放数字发展红利、为企业运营管理和渠道创新赋能，川酒企业在管理层面全面铺开数字化建设，一方面通过与数字信息企业深化合作，另一方面也不断完善自身的数字化体系，努力提升数字化管理水平。

4.5.2.1　五粮液集团

2018年出台数字化转型"1365战略"以来，五粮液集团发力数字化服务体系建设，涵盖生产、财务、资产、办公、人力资源、营销、采购、质量等多个板块，平台稳定运行率大于99%。

同时，五粮液集团通过营销中台数据分析建设，以及与ERP项目共同开展的SAP BI/BW决策支持分析应用，初步建立了营销领域数据分析，实现渠道管控、精准营销；启动企业资源计划（ERP）进行数据治理，建设运营管理体系；建立 LIMS 实验室系统，贯穿原料、制曲、配粮、酿造、原酒、成品酒全过程质量检测，实现质量安全信息化管理。

2018 年以来，五粮液集团建立五粮液大数据中心、宜宾数据中心、成都数据中心，采用 VMware 云计算架构的云计算平台，实现全部资源云化，资源利用率从 5% 提升到 50%，实现各业务系统快速迁移和响应。数据中心利用信息权限管理和安全加密技术对信息和知识分级使用、传递，满足各相关方需求，信息安全事故零发生。

2019 年，五粮液集团与华为公司签署战略合作协议，华为公司运用多年终端零售经验以及数据治理能力，与五粮液集团共同构建强有力的运营管理体系。2021 年，五粮液与华为智慧门店解决方案 1.0 正式发布，智慧门店解决方案在华为云的基础上采用了人工智能、云计算、边缘计算等一系列新技术应用，打造门店运营全场景智慧化：门店销售人员智能盘点，提升工作效率；门店运营者实时了解专卖店情况，提升管理效率；总部管理者对专卖店运营数据清晰可见，以智慧赋能精准决策。智慧门店的建设，将结构化数据实时回传给云端平台实现智能闭环，提升了用户体验和专卖店经营效率，推进管理和赋能双轮驱动，实现了线上线下模式融合与创新。

4.5.2.2 泸州老窖集团

为了满足"136 战略"下业务发展对存储阵列容量、性能、可靠性的需求，泸州老窖集团选择与紫光股份旗下新华三集团展开数字化管理上的技术合作。依托新华三集团的 Primera 关键业务智能存储系统，以"全闪存"提升存储性能上限，泸州老窖集团做到了对海量数据的集中管理、极速存取，并且引入了 AI 等智能技术，推动存储空间利用最大化，而且简化了日常的运维管理，从而全面提升了整体数字化平台的可靠性、连续性，极大程度地提升了泸州老窖集团的数据管理能力。凭借全面领先的智能存储和智能联接创新实力，Primera 为"数智泸州老窖"打造出一个高效可靠的数字化平台，承载了 90% 以上的核心业务，让数据治理和洞察成为泸州老窖集团未来的核心竞争力。

此外，围绕企业数字化管理对于高效联接和算力引擎的新要求，新华三集团也全面参与了泸州老窖集团的网络和算力平台建设。在网络上，新华三集团提供了一系列关键设备，搭建出一张高效可靠的办公网络，以数据的共享共治助力企业运行的提质增效；同时，新华三集团在算力平台上为泸州老窖集团提供了专业的服务器，满足不同场景的差异化需求，以全面领先的算力加速业务的创新转型。

如今，Primera 的部署帮助泸州老窖集团构建起了一个强大敏捷的数字化管理平台，覆盖了销售、财务、生产、供应链等全频道业务的数字化转型。同时，接合新华三集团在办公网络、SAP HANA 等方面提供的领先技术和产品，泸州老窖集团更让数字化创新融入日常生产、管理和运营的各个环节，以数据价值驱动业务加速创新，为中国白酒行业的数字化转型塑造一个值得参考和借鉴的典范案例。

4.5.2.3 四川水井坊

四川水井坊在生产经营过程中全方位执行数字化战略，将经销商和门店管理系统、销售拜访系统相连接，实现数据互通。通过信息化手段实现信息的集成和共享，再通过对数据的分析、研究，挖掘数据背后的信息、规律，实现动态管理，促进持续改进。

在数据采集方面，四川水井坊通过对"易拜访"这一手机 App 终端的开发，签约更多的终端零售店，采集不同规模、不同地区零售店的意向销售量，大力发展有业务优势的核心市场，提升市场占有率，拓展销售区域。四川水井坊还开发了"易动销"这一 App，实现对经销商数据的采集，内容包括经销商入库出库记录、调拨记录，能更加精准地获取进销存信息和渠道流向信息，为渠道政策和费用分配提供有效支撑，同时还有条码溯源功能，防止发生串货。

在数据处理方面，四川水井坊建立"英雄汇"数据中心，将收集到的数据储存在数据库，并且在企业内部共享，不同部门设置不同的权限，部门可根据需求下载想要的数据，进行分析，出具报告，总结规律，判断市场结构和需求。销售部门可以通过数据分析将客户进行分类、提供不同的服务。比如对收集到的顾客的购买力、消费偏好、位置等信息进行分析，进而对客户分类，对客户群体进行细分，引导客流。生产部门通过数据分析结果得出客户对水井坊的消费偏好，有针对性地生产满足市场不同消费者需要的产品。

在产品销售方面，四川水井坊通过对"易拜访"这一手机 App 终端的开发，签约更多的终端零售店，采集不同规模不同地区零售店的意向销售量，大力发展有业务优势的核心市场，提升市场占有率，拓展销售区域。

"易拜访" App 的主要功能是从销售环节增强对数据的管理。

4.5.3 数字化营销

数字化营销也称数字营销，指以数字化技术为基础，通过数字化手段调动企业资源进行营销活动以实现企业产品和服务的价值过程。它是通过数字网络传输的市场营销，它着眼于物流、资金流和信息流的有效协调和统一，从而达到顾客满意和企业盈利的目的。与传统营销相比，数字化营销从以渠道为中心转变为以用户为中心，酒企可以快速部署、落地，直达终端，实现全渠道、全链路、全场景的数据互通。川酒企业在数字化营销方面主要集中在线上营销活动、会员体系建构、一物一码营销三个方面。

4.5.3.1 线上营销活动

线上营销活动主要指借助互联网社交平台、多媒体技术等，通过多样化的运营内容组织策划主题活动，从而吸引消费者参与其中，拉近与消费者的距离，促进产品营销。

例如五粮液集团多次举办 12·18 超级粉丝节，通过视频邀约、H5 互动体验、线上直播、微博话题等活动积极与消费者互动，了解消费者心理，优化消费体验。同时，五粮液集团在五粮液官方商城和京东、天猫、苏宁平台五粮液官方旗舰店，以及授权店、云店、全国专卖店开展主题销售活动，如消费满一定金额参加互动游戏，或通过集赞等活动赢取五粮液"酒王之旅"名额。五粮液 12·18 超级粉丝节作为线上主题营销活动，已经成为五粮液与消费者良性、可持续的交流平台，该活动打通了线上与线下的环境壁垒，使得营销传播、用户触达和培育得以在同一场景下实现。这既是五粮液拥抱消费者的举动，也是五粮液集团数字化升级的体现。

再如 2020 年泸州老窖集团的封藏大典活动。受当时疫情的影响，此次封藏大典以线上直播方式进行。泸州老窖集团挑选喜欢看直播同时品牌忠诚度较高的消费者，推送直播预告，以"万人云封藏"替代线下仪式。当日上午封藏大典开始 1 小时左右，已经有上百万用户涌入直播间，上架的几千箱酒全部售罄。另外，泸州老窖特地做了用户交互，把二维码放到直播间，让用户可以在看直播的时候直接订酒，此外，泸州老窖还将用户引导到公众号，让他们有提建议的机会。

4.5.3.2 会员体系建构

市场研究公司益普索在《2020 年中国白酒行业趋势报告》中提道：会

员系统是实现可持续循环的品牌用户路径的基石。在数字化营销当中，用户的地位更是被放到了至关重要的位置。会员的本质一是建立用户分层，便于形成用户的差异化营销，提升用户价值；二是形成私域流量池以培养品牌忠诚度，从而提高用户留存率、建立流量桥梁、得到会员收益。在数字化时代，川酒企业建立会员体系机制的方式也在创新。

2020 年，郎酒集团利用大数据强大的搜集与分析能力，建立起多层级的会员服务系统，包括以郎酒 PLUS 为主的会员中台和青花郎青花荟、郎牌特曲菁英荟、小郎酒 Club 多品牌的会员运营前台。在郎酒 PLUS 上，普通消费者可以通过重复大量购买郎酒产品，获得积分、兑换礼品，为了让会员的沉浸感更加强烈，郎酒集团的 PLUS 会员系统把积分的名称改为"郎酒滴"，寓意积水成川，收集郎酒滴兑换好礼，同时以积分为线索引导消费者至各条产品线独立的会员小程序，进一步产生互动。而以"青花荟"为代表的高端定制会员服务，则更聚焦高端消费群体的社群运营。近年来，郎酒集团还完成了从"青花荟"到"郎酒庄园会员中心"的进化，打造新型数字化、个性化会员服务系统。

郎酒集团的会员服务系统是与全渠道用户建立深度关系和沉淀全渠道用户数据的核心场景。郎酒集团 2020 年提交的招股书显示，郎酒集团在证券市场募资的 7 080 万元用于数字化运营建设项目，其中超级会员系统占该项目的一半以上。在招股书中，郎酒集团详细介绍了其"超级会员系统"的战略作用和意义：此项目将实现营销活动信息化、会员连接互联化、促销效果管理数字化和精准营销智能化。同时，郎酒集团将"产品数字化管理平台"和"超级会员系统"看作其"一体化精准决策"的"两翼"。

4.5.3.3 一物一码营销

一物一码营销建立在一物一码技术之上，即在每瓶酒上安置一个专属二维码，通过对二维码的追踪，获得每个产品的细节动向，包括生产流程、渠道表现、终端表现、库存状况、促销反应等各项数据，实现产品数字化、全链条追踪产品。通过一物一码营销，企业能够更容易地实现精准营销，将消费者与产品深度链接。

早在 20 世纪 80 年代，五粮液集团就开始应用一物一码数字化技术，并在实施过程中积累了丰富的经验。五粮液集团借助一物一码数字化技术，用精准营销、防伪、溯源功能和消费者直接对话，同时通过"箱码—盒码—盖内码"三码合一的方式，提供系统识别与数据采集，实现层层扫码及物流跟踪监控，进而实现数字化渠道运营和终端赋能，解决窜货问题、营销问题。

在箱码环节，一物一码技术通过经销商扫码，把从生产包装到厂家、经销商、终端零售商的逐级入库、出货扫描全部进行数据关联；在盒码环节，有导购员扫盒码登记注册，进一步掌握市场信息；在盖内码环节，消费者扫盖内码进入五粮液公众号，除了能领取红包还能查询真伪，五粮液集团也能借助消费者扫码的数据建立社群、用户画像，从而进行个性化分析、推出适应性产品，进行更加精准化的消费者分析。

泸州老窖集团也重视推进"一物一码"的建设，实现瓶、箱、盒、盖以及物流，五码关联，开设前端公众号、小程序应用。为了将沉淀消费者转化为私域流量，泸州老窖集团设计了对应的营销活动。在每一瓶泸州老窖酒的酒盒中，放入一张贴有专属二维码的卡片，消费者购买产品后，扫码关注公众号、填写姓名和手机号即可参与幸运大转盘活动。消费者扫码参与大转盘活动后，系统会引导消费者关注泸州老窖的微信公众号，消费者关注微信公众号后就可以领取转盘转到的奖品。

四川水井坊在数字化营销中也采用了大数据引擎一物一码技术的瓶箱关联功能。2019 年四川水井坊发布井台丝路版、井台珍藏版和臻酿八号禧庆版时首次采用一物一码技术，将结合了丝路三宝、茶马古道等丝路贸易的标志轨迹糅合而成的二维码放置在外盒包装上。用户通过扫描二维码可以跳转到"水井坊井台·丝路版（寻迹），敬启未来"创意 H5 页面上，用互动的方式讲述丝路的历史，强化四川水井坊与丝路文化的关联度。与此同时，四川水井坊在瓶盖上也印有防伪+会员营销一体化的二维码，扫码页面一方面会显示防伪标签被扫的次数、产品的名称、生产的厂商，另一方面可以同步加入会员营销活动，入会注册就可以获得 600 积分，还可以邀请好友获得积分，参与礼品抽奖活动。四川水井坊运用营销数字化能力将防伪信息和营销互动融合成唯一的触点，有效提高了用户触达率。

舍得酒业、剑南春集团、郎酒集团等川酒企业也采用了一物一码的数字化营销方式。通过产品上的瓶码，品牌得以与消费者进一步沟通互动，建立深度连接。整体来看，一物一码技术在 B 端实现了厂商全渠道链接，品牌完成深分渠道各个节点的在线连接，实现全程在线管理，实时追溯；在 C 端实现了防伪、防窜、促销、积分、抽奖、营销传播等一系列功能一体化。

近年来，各大川酒企业都纷纷踏上数字化的转型快车：五粮液集团被评为"2022 年中国轻工业数字化转型先进单位"；泸州老窖集团获得"2020 年度数字化创新大奖""2022 年中国西部企业数字化转型优秀实践单位"等荣誉称号；郎酒集团被选为 2020 年承建全国工业互联网白酒行业标识解析节点……川酒产业数字化的进程充分表明数字技术为白酒这个传统行业提供了源源不断的发展动力，让川酒在传承古老发展历史的同时，也塑造了勇于创新、生机勃勃的形象，丰富了川酒产业文化的现代性内涵。

4.6 生态发展：环保建设推动绿色文化

"生态文化"是人类在征服自然、利用自然的过程中与生态自然和谐共存、可持续发展的一种新的文化价值观念，广义而言，它是一种新型的生产、生活方式，狭义而言，它是一种基于生态科学、以生态价值为导向的社会思想意识、人类精神文明和社会制度体系。

白酒是食品制造领域极为特殊的行业，其酿造不但需要优质的生产原料，而且需要良好的自然生态环境。自古以来，白酒酿造秉承天人合一的哲学理念，讲究天时、地利、人和，生产工艺不仅参照四季变化规律，而且充分考虑地理环境的特殊性，因此白酒文化先天就与生态文化密不可分。随着社会的发展，现代工业愈发需要寻求可持续发展的思路来改善环境。川酒各企业近年来也越发重视生态建设，实现农业、制造业、服务业的三产联动，具体来看可以从生态园建设、污染治理、生态文创产品三个方面进行分析。

4.6.1 建设生态园区

由于白酒制作工艺的特殊性，川酒企业在生态园建设方面多以集成型、多功能、大规模为主，即集酿造生产、基酒储存、生态处理、生态旅游、景观设计等功能于一体的大型生态产业基地，把农耕文明、工业文明、生态文明有机地融合在了一起。

4.6.1.1 五粮液集团

五粮液集团是长江上游优质水质的受益者，是长江上游生态的守护者，也是中国酿酒行业践行"双碳"战略的示范者。对于五粮液集团来说，做食品就是做生态。早在20世纪80年代中期，五粮液集团就提出了"污染治理"的理念；20世纪90年代，五粮液集团建成了行业领先的酒糟循环利用工艺系统；2015年，五粮液集团提出"生态循环"理念，倡导"从土地中来，到土地中去"……五粮液集团不断采用新技术、新工艺，提高资源利用效率，在煤改气节能减排项目、雨污分流项目、固体废物处理环保项目等的建设上均取得显著成效。

五粮液集团始终恪守天人合一的生态观、追求极致的品质观、精益求精的匠心观、守正创新的发展观、中庸和谐的价值观，推进绿色制造，优化能源结构，打造"零碳"酒企，协同推进扩绿、节能、减污、降碳，引领行业绿色化、智能化、低碳化发展。近年来，五粮液集团全力打造了集工业废水处理、绿色景观于一体的全国白酒行业首家废水生态处理示范项目——五粮液环保生态湿地。五粮液环保生态湿地位于五粮液厂区内，地处宜宾市翠屏区安阜街道红岩村，五粮液环保总投资约12亿元，占地1 785亩。五粮液集团将符合排放标准的废水引入湿地，通过湿地垂直分布的石英砂、火山石、铁矿渣、砾石四层生态填料，过滤吸附沉淀，湿地中微生物的降解和植物的根系吸收，实现再次净化，最终排放指标远远优于岷江流域排放标准。五粮液生态湿地公园围绕五粮液的"五"字文化，系统构建"天地人和酒"自成"五园九景"的景观布局，对河道及岸坡进行了修复，将废弃荒地改造为休憩、活动、教育、科研和推广示范的生态建设项目综合体。

4.6.1.2　泸州老窖集团

2022年，泸州老窖养生酒科技园正式开园投产。泸州老窖秉承"绿色生态、智慧酿造"理念打造养生酒科技园，集前瞻性设计、高标准建设、标准化生产管理、高质量产品输出于一体。泸州老窖养生酒科技园是黄舣酿酒生态园中的重要组成部分。泸州老窖养生酒科技园总投入超3.2亿元，总建筑面积3万余平方米，囊括了智能化前处理中心、自动化提取车间、自动化母液处理车间及智慧酒库等在内的多个功能分区，拥有12台自动化浸提/渗漉提取系统设备、2套冷冻过滤系统设备、纯化水系统设备等，合计23类约200多台高科技设备，真正实现了智能化、高效化和低耗化。

2022年6月，泸州老窖集团决定实施罗汉酿酒生态园提升改造项目，总投资近3亿元，在罗汉酿酒生态园实施循环经济、节能减排、提标技改等环境保护及环保设备设施升级改造工作，计划完成废水处理站提标技改、废水管网升级改造、冷却水循环利用、锅炉煤改气/改电等技术改造重点工程，实现厂区节能环保与酿造品质的双提升，打造"绿色、节能、环保"的现代化工厂。

4.6.1.3 舍得酒业

从 20 世纪 80 年代开始，舍得酒业就持续以高标准打造生态酿酒工业园。经过数十年的持续投入，从外部环境看，园区内植物群落丰富多样，植株超过 390 万棵，绿化率达到 98.5%，从而确保了适宜酿酒微生物生长、繁殖的生态环境，而从整个酿制过程来看，舍得酒从地域、水源、酒曲、原粮、老窖、酿艺、陈藏和灌装 8 个维度上保证生态化，真正形成了独一无二的酿酒生态系统。目前，舍得酒业已建立全面的生态酿酒体系，构造出舍得酒业的"品质八维"，即生态地域、生态水源、生态酒曲、生态原粮、生态老窖、生态酿艺、生态陈藏以及生态灌装。

2022 年 6 月，四川沱牌绿色生态产业园落牌成立。四川沱牌绿色生态产业园规划面积 361.66 平方千米，包括射洪市沱牌镇、瞿河镇、明星镇、蓬溪县天福镇等 6 个镇。四川沱牌绿色生态产业园以酒业为主导产业，配套发展酒业关联产业、精品粮油、绿色蔬菜、特色农产品加工、文旅融合等产业。

4.6.2 重视污染治理

为了进一步保护生态环境，建设良性的生态循环系统，川酒各大企业不仅是建设以我为主的大型生态园，同样也积极开展周边生态区域的环境污染治理项目。对于白酒行业来说，优质的水源是酿制好酒的关键。无论是赤水河畔的郎酒、宋公河旁的五粮液还是采用涪江水的舍得，都可以发现，川酒自古以来就是因水而生、依水而酿。因此，加强对周边河道的污染治理，不仅是川酒企业对生态酿酒传统理念的匠心坚守，同样也是企业品质保证和生存发展的根基。

4.6.2.1 五粮液集团

宋公河作为岷江支流，以农业灌溉、纳污、泄洪为主要水体功能。宋公河（五粮液段）综合治理工程是岷江流域整治的重点工程。长期以来，五粮液集团不仅坚持生态优先、绿色发展理念，也积极承担宋公河综合治理项目。2017 年以来，五粮液集团从水资源重复利用、河道整治、生态修复、景观改造、中水回用等方面进行宋公河流域综合治理，实现五粮液产业园区水环境及周边生态环境的提升，提高了宋公河水质，助力长江经济带生态屏障建设。如今，芦竹、菖蒲、风车草等生态植被在该河段生长茂盛，白鹤、野鸭、斑鸠、黑水鸡等珍稀鸟类栖息繁衍。五粮液集团在宋公河打造的环保生态湿地融入了五粮液文化元素，配合五粮液 AAAAA 级景区创建，是全国白酒行业首家废水生态处理的示范项目，得到了国家生态环境部的充分肯定。据测算，五粮液环保生态湿地和河道湿地每年带来的节能减排经济效益约为 293.83 万元。除环保生态湿地综合治理项目外，五粮液集团还综合利用废水站将厌氧发酵产生的沼气变废为宝。通过燃气发电机组，将沼气转化为电能供厂区使用，实现可燃性有机物的综合利用。环保生态湿地项目是兼具经济、环境和社会效益的生态环境保护示范工程。

作为中国白酒龙头企业，五粮液集团在行业内率先提出创建"零碳酒企"，不断完善基于全生命周期碳足迹的产业链管理机制，构建覆盖供应链、生产制造过程、产品营销的低碳循环模式，引领行业向绿色化发展转型升级。在能源供给端，五粮液集团全面启动绿色能源供应，包括生物质发电、酒糟全部循环利用，实现电力、热力、燃料可再生能源化。在能源消费端，五粮液集团全面推进电能替代和能效提升工程，推动综合能耗指标达到行业领先水平。在能源管理侧，五粮液集团全面实现数字化，打造"综合智慧能源+碳中和+区块链"的数字化运用场景，在行业内外起到了较好的带动和示范作用。

4.6.2.2 郎酒集团

作为国内唯一没有被开发的长江支流，赤水河水源生态无污染、水质优良，呈天然弱碱性，矿物质含量高，溶解氧丰富，自我净化能力强，因此也造就了郎酒"生在赤水河、长在天宝峰、养在陶坛库、藏在天宝洞"的独门酿造秘籍。立足于保护赤水河流域生态环境和坚持绿色可持续发展理念，郎酒集团开展产区污水管网升级改造，完成吴家沟至盐井河33.8千米的中水输送管道建设项目投用。2012 年以来，郎酒集团先后投入超 5 亿元，建成二郎污水处理站、吴家沟污水处理站，将二郎污水处理站、吴家沟污水处理站处理达标的中水管输至盐井河入河排污口，确保赤水河下游实现水生态平衡永续利用。2018 年，郎酒集团联合赤水河流域酱香白酒企业，在云南省镇雄县赤水源镇开展"走进源头·感恩镇雄"慰问活动，向当地捐赠800万元，感恩和助力镇雄人民对赤水河上游生态环境的保护。郎酒集团也连续五年被评为四川省环保诚信企业，2018年获评四川省首届十大环保守信企业。

4.6.2.3 舍得酒业

舍得酒业同样长期坚持以发展循环经济为主，将质量经营与生态经营相结合。2013年，舍得酒业启动电航工程，建设涪江柳树电航工程，减少热电生产，计划从根本上解决公司大气污染的问题，总投资达到15.1亿元，包括枢纽工程、库区工程和河道整治工程。电航工程以发电和航运为主，一方面为生产供电，大幅度降低废气、煤灰渣的产生量，同时兼有防洪、环境、水生态、旅游等效益，库区蓄水后形成的2座面积近2 300亩的天然孤岛，为库区绿色生态发展创造了良好条件。

舍得酒业也积极推进环保基础设施提档升级，在全国酒类行业率先实现热电联产，并投资1 000余万元对脱硫系统、静电布袋等热电环保设备进行改造，确保达标排放。实施"煤改气"节能技改项目，实现节约用水18万吨/年，节约电力375万千瓦时，节约标煤约1万吨。另外，舍得酒业投资2 700余万元对废水处理站进行升级改造，采用"预处理+IC系统+两级AO+反硝化系统+脱磷脱色除臭系统"工艺，对废水处理过程中产生的沼气（日产约3万立方米）进行回收利用，减少碳排放。

4.6.3 推出文创产品

除了实施具体的环保整治措施，川酒各大企业也通过发布生态文创产品，即以"绿色生态"为核心理念的定制型白酒产品，来表现自身对于生态环境的重视和对生态文化的坚守。

4.6.3.1 五粮液集团

为了支持中国治理荒漠化事业的发展，五粮液集团曾在2010年推出中国治理荒漠化基金公益事业酒，这是我国首款具有政府性、公益性、高端性的公益白酒产品。每销售一瓶该款国家公益事业酒，五粮液集团将向国家治理荒漠化事业捐赠5元。在此基础上，五粮液还进一步推出五粮液中国绿色碳基金公益酒，展现五粮液集团对于环保事业的支持。

2019年五粮液仙林生态酒业有限公司正式成立，该公司坚持以"生态"作为核心诉求，以"酿就生态之美"作为企业使命，以"生态优先、创新创造"为核心价值观。五粮液仙林生态酒业有限公司成立之后，先后推出了"上选苦荞""清朗竹荪""风华锦泰"等多款产品，体现了五粮液尊崇自然、绿色发展的生态形象。

2022年，五粮液集团提出将以生态为底色、品质为核心、文化为支撑、数字为动能、阳光为保障，全力打造"生态、品质、文化、数字、阳光"五位一体持续稳健高质量发展的现代化企业。其中，"五位一体"之首便是打造"生态五粮液"，其明确提出将大力打造生态化园区，把自身生态文明建设融入企业"种、酿、选、陈、调"生产全过程，全面实现生态化生产。经过多年努力，五粮液集团先后被原国家环保总局确定为"清洁生产示范单位"，被第三届世界环保大会组委会评为"世界低碳环境（中国）推动力百强企业"，获得国家级"绿色工厂"荣誉称号，入选工信部工业产品绿色设计示范企业名单，成为白酒行业首家和唯一获此殊荣的企业。正如五粮液集团董事长曾从钦所说，要"让绿色成为可持续发展的底色。"

一直以来，川酒企业都积极践行人与自然和谐共生的发展理念。建立健康环保境的发展体系、塑造绿色生态的文化形象是整个川酒产业文化建设中必不可少的一环。

4.6.3.2 泸州老窖集团

2021年泸州老窖集团正式推出白酒"茗酿·萃绿"，这款酒被定位为高端绿色生态健康养生酒，是泸州老窖集团基于大健康时代背景，通过现代高科技萃取技术，提取茶叶中的草本健康活性因子，与优质基酒融合形成的一款战略级创新酒。茗酿·萃绿智慧酿造车间，位于泸州老窖健康养生酒产业园区内，承袭传承690余年泸州老窖传统酿制技艺，复刻百年老窖微生态环境，在实现传统产业智能化升级的基础上，保证了茗酿产品的生态养生特色。此外，在茗酿·萃绿生产过程中，GMP生产车间、国家固态酵造中心茗酿·萃绿试验室、糯红高粱基地等构成"7A绿色生态品质控制体系"，体现出泸州老窖集团对绿色生态价值的追求。

4.6.3.3 舍得酒业

2022年，舍得酒业推出以"生态环保"为主题的文创白酒——智慧舍得·美丽中国五瓶装限量纪念酒。这是对"文创+生态+老酒"文创产品模式的全新演绎，以生态环保理念传递舍得精神内涵，彰显"绿水青山有舍得"的家国情怀。从设计上来看，智慧舍得·美丽中国五瓶装限量纪念酒将山川湖海纳入瓶身，以五大国家公园中典型珍稀生物代表：藏羚羊、大熊猫、东北虎、长臂猿、黑麂为艺术创作本体，生动勾勒出动物与自然共荣的景象。礼盒整体设计典雅高贵，灵感源自古代之藏宝箱，寓意"宝物降临，五福临门"。该产品酒体则选自8年基酒加15年调味酒的珍稀生态陈酿，赋予了产品内在更高端的生态品质。智慧舍得·美丽中国五瓶装限量文创酒将自然美景、万物之灵与酿造工艺和谐呈现，使生态艺术与传统老酒交相辉映。

4.7　企业文化：内外共建塑造企业形象

企业文化主要有以下两种定义：对内部管理而言，企业文化是一种组织属性，是企业用于指导员工行为的价值观与信念以及对员工产生影响的社会化机制；对外部竞争而言，企业文化是一种可以运用的战略资源，包括象征物、明示价值和潜在假定等不同层次。良好的企业文化有助于增强企业的向心力和凝聚力，提升企业的知名度和美誉度。川酒企业在营造自身的企业文化时，往往也从两个方面出发：对内进行多种员工素质培训、激励活动，提升企业的竞争力；对外通过公益捐款、企业帮扶等措施承担社会责任，塑造负责任的企业形象。

4.7.1　提升员工素质

随着白酒行业的竞争日益激烈，各企业愈发重视对企业文化的建设，而企业文化的核心就在于"人"。基于企业的内部文化建设，为了激发企业内部人员活力、增强企业的核心竞争力，川酒企业开始通过开展技能培训项目、举办技能素质比赛等活动来提升员工素质、培养员工业务能力和积极主动性。

4.7.1.1　五粮液集团

2019年，五粮液集团创新启动"工匠苗圃"职工职业技能提升工程，开展一系列技能技术传帮带工作。"工匠苗圃"是五粮液集团创新优化技能人才选拔、培育、使用机制的新途径，以遴选业绩突出的劳动模范、五一劳动奖章获得者担任技能带头人为点，以选拔一批可塑性强、求知欲高的技术人才为面。工匠苗圃项目通过师带徒、"1带N"的形式开展一系列严谨、细致、密集的系统培训和实践，打造以点带面的人才孵化摇篮，广泛聚集各具特长、技能互补的一线职工，搭建起梯次明显的高技能人才金字塔。到 2022 年，"工匠苗圃"从最初建立的 4 个扩展为 16 个，技能带头人和成员增长到 282 人，涉及酿酒、制曲、勾调、原检、酒体设计，以及机械制造和制瓶成型等板块，累计开展集中培训 133 期，参训 3 000 余人次。"工匠苗圃"项目的持续开展，让技能带头人卓越的匠人精神和精湛的技能技艺薪火相传、辐射延展，激发五粮液集团广大一线职工学技术、钻业务、练技能、强素质的热情，不仅提高了他们对传统工艺的理解能力和执行能力，也加强了员工之间的凝聚力，营造了良性的"匠人氛围"，提升了五粮液集团的企业竞争力。

4.7.1.2 泸州老窖集团

截至 2022 年，泸州老窖集团已经连续举办 12 届"怀玉杯"酿酒技能大赛，这是中国白酒行业举办历史最久、影响最大、规格最高的品牌性劳动技能竞技活动之一，也是由泸州老窖集团首创的一项综合了非遗技艺、工匠文化、名酒文化的代表性地方特色文化活动。"怀玉杯"的比赛机制主要是由上一届的冠军擂主迎战当届的新任挑战者，进行下料拌糟、上甑操作、量质摘酒和蒸馏效率等全方位的技艺对垒。"怀玉杯"技能大赛的影响持续扩大、内容日渐丰富、形式日益成熟，为白酒行业不断树立劳模榜样、传承国宝酿艺、提升工艺技能、宣传"非遗文化"发挥了重要的引领作用。

4.7.1.3 郎酒集团

2020 年，郎酒集团举办品质表达能力提升培训班。培训要旨在于赋能郎酒集团员工科学、艺术、多层次、多维度的表达郎酒之美、中国白酒之美。郎酒品质表达能力提升课程涵盖中国白酒及其产业的再认识和定位、中国白酒的历史变迁与酱酒高峰、中国白酒感官品评方法、认识酒标与白酒消费等内容。上百名郎酒集团员工通过对酒文化知识的学习和深刻理解，提升自身对郎酒的品质表达力、品牌展现力、品味塑造力，从而将郎酒的千年工艺传承与匠心文化更好地与消费者共享。

2022 年，为进一步展现郎酒的品质、品牌、品味，普及郎酒品牌文化及产品知识，增强一线营销人员的业务能力，郎酒集团举办了首届醉美品质推荐官评选活动。活动吸引了来自全国 2 500 余名营销人员参与，并最终角逐出 17 位选手参与郎酒庄园总决赛。决赛中，参赛人员以主题演讲和才艺表演的方式，将自己从业以来与郎酒的精彩故事娓娓道来。为全面提升一线营销人员的自我素质，郎酒集团还邀请专业嘉宾对各选手进行了形体、声音、表情等方面的培训。通过举办醉美品质推荐官评选活动，郎酒集团不仅提升了销售人员对郎酒品质、品牌和品味的理解，更提升了郎酒本身的影响力和品牌热度。

4.7.2 凸显社会责任

企业社会责任主要指企业在创造利润、对股东利益负责的同时，还要承担对员工、对消费者、对社区和环境的社会责任，包括遵守商业道德、生产安全、职业健康、保护劳动者的合法权益、保护环境、支持慈善事业、捐助社会公益、保护弱势群体等。而企业社会责任作为一项企业与其内外部众多利益相关者相互关系管理的重要活动，受到企业文化特征的影响。长期以来，川酒企业都积极参与社会公益事业、践行社会责任，从而彰显自身服务社会、服务大众的企业文化。

4.7.2.1 五粮液集团

履行社会责任是白酒行业构建良好社会关心的核心、树立良好品牌形象的窗口、健康可持续发展的根基。作为川酒龙头企业，五粮液长期秉承"弘扬历史传承，共酿和美生活"的使命，在经营、环境、社会等责任领域，展现了多项新作为、新实践。

目前，健康饮酒、理性饮酒、适量饮酒已成为社会共识和酒类消费的新风尚，中国酒业协会、酒企正主动肩负起宣传推广"理性饮酒"理念的社会责任。身为中国特大型国有企业和酒业龙头，五粮液集团也将倡导理性饮酒作为践行社会责任的重要一环。2015 年起，五粮液已连续七年参与"全国理性饮酒宣传周"系列活动，通过线上传播和线下展示、推广、互动活动，向公众持续传递理性饮酒的理念，围绕拒绝酒驾、预防未成年人饮酒、适量饮酒等方面开展活动。

作为中国浓香型白酒的典型代表企业，五粮液集团勇担社会责任，将企业高质量发展与促进经济社会进步紧密结合，积极推进社会、民生、环境等各方面的协同发展，积极参与乡村振兴、绿色发展、助学拥军等社会公益事业。

乡村振兴方面，五粮液集团发挥主业产业链带动优势，将建设酿酒专用粮基地与乡村振兴有机融合，打造核心示范区、标准化酿酒专用粮基地 100 余万亩；巩固"种养搭配、产业融合"的 1 100 亩五粮液青山岩竹林

（苗圃）产业示范基地，发展多元林下种植、养殖产业，释放多元产业链辐射范围；打造理塘五粮液极地果蔬（香菇）基地、500 亩"菜篮子"蔬菜保供基地，促进地方产业链赋能增效和帮扶产业集约化。

绿色发展方面，五粮液集团坚持生态优先，以能酿出五粮液美酒的标准做好长江大保护，建成多功能环保生态湿地，运用新技术新工艺持续优化绿色能源结构，大力发展循环经济，打造"综合智慧能源+碳中和+区块链"的数字化场景，建立企业碳中和标准化体系，争创"零碳酒企"。

助学拥军方面，五粮液集团通过慈善基金会资助方式，支持宜宾市 4 个中心城区学前教育建设，建成后可新增幼儿学位 3 510 个，为当地城乡基础教育发展提供有力保障；捐赠教育帮扶资金，支持部分地区州县"控辍保学"，建设网络信息化学校，阻断贫困代际传递，积蓄后备人才。同时，五粮液集团着力推动军民融合深度发展，扎实开展拥军优属工作，成为四川省国有企业第一家设立退役军人服务站的单位。

五粮液集团的一系列举动获得了行业认可，2021 年 11 月 30 日，由人民日报社主办的 2021 中国品牌论坛在北京举行，五粮液集团《从扶贫帮扶到振兴乡村产业——五粮液推进宜宾市翠屏区左湾专用粮基地升级改造项目》荣获"2021 年度中国企业社会责任案例"。2022 年 12 月 24 日，2022 人民企业社会责任高峰论坛在北京举行。论坛发布了第十七届人民企业社会责任奖评选结果，五粮液集团获评第十七届人民企业社会责任奖"乡村振兴奖"。在 2023 年 3 月，中国酒业协会成立 30 周年庆典晚宴上，五粮液集团荣获"中国酒业 30 年社会公益奖"。

4.7.2.2　泸州老窖集团

履行社会责任也是泸州老窖集团提升品牌建设，实现可持续发展的重要方式。

2021 年，在公益慈善方面，泸州老窖集团组织援助灾情，捐赠 3 000 万元用于支持河南省防汛救灾及灾区地方疫情防控工作，捐赠 2 000 万元用于支持泸州市泸县抗震救灾及灾后重建工作。泸州老窖集团还组织帮扶教育，常态化开展了"西南医科大学泸州老窖奖学金""四川警察学院泸州老窖金盾奖"等长期性公益项目，新设了"泸州高中泸州老窖红樟奖教奖学基金"，持续捐助泸州市"栋梁工程""慈善一日捐""小书包大爱心"等公益项目。截至 2021 年年底，泸州老窖集团累计捐赠各类奖学金、助学金 298 万元，为地区教育事业发展贡献力量。另外，泸州老窖集团还组织志愿服务，公司志愿者前往古蔺县向阳小学、叙永县采山小学等 12 个乡镇学校开展爱心支教、爱心结对活动 28 场，赠送学习用品 8 000 余件，受益学生达 4 632 人次。

在助力乡村振兴方面，泸州老窖集团对向田村、麦洼乡滚塘村等地开展精准帮扶，高质量推动基础建设、产业帮扶、志智双扶、健康帮扶等重点工作，在已脱贫摘帽的地区持续开展"文化广场建设""卫生设施捐赠""打米坊车间改造"等重点帮扶项目，并先后选派多名优秀年轻干部驻村开展工作，努力提升群众生活水平。

4.7.2.3 舍得酒业

多年来，舍得酒业在注重企业自身发展的同时，大力支持慈善公益事业，积极承担社会责任。

自 1994 年以来，舍得酒业先后向射洪中学、柳树中学、西南大学、四川大学、凉山彝族自治州美姑县初级中学、大英县象山中学等学校捐资捐物，还专门设立沱牌教育奖励基金，修建实验学校，为师生带去希望之光。近年来，舍得酒业用于助教兴学金额超过 1 亿元，为中国教育事业贡献力量。

2019 年，舍得酒业向射洪慈善总会捐款 1 000 万元，用于该市扶贫济困、灾后重建和贫困大学新生救助、困境儿童救助等慈善公益项目。

2020 年年初，舍得酒业向武汉市慈善总会捐款 500 万元，用于采购医疗设备及物资，同时向射洪慈善总会捐款 500 万元，用于疫情防控；2021 年 7 月，河南发生严重洪涝灾害，舍得酒业向河南省慈善总会捐赠现金和物资合计人民币 550 万元，用于支持防汛救灾及灾后重建工作；2022 年 9 月，四川泸定、石棉发生 6.8 级地震，舍得酒业通过上海复星公益基金会向地震灾区泸定、石棉两县共计捐赠人民币 200 万元，用于抗震救灾及灾后重建工作。

4.7.2.4 剑南春集团

"教育兴则国家兴，教育强则国家强"。作为全国知名白酒企业，剑南春集团积极投身我国教育事业的发展建设。自 2011 年起，剑南春集团通过该会设立剑南春助（奖）学基金，至今已投入近 400 万元，帮助 726 名学子圆梦大学。围绕教育普惠发展，剑南春集团助力高考项目累计投入超 5 000 万元，创新形成了"发展型助学"模式。剑南春集团还通过德阳市教育基金会、绵竹慈善会向中江石笋学校、绵竹家庭困难学生捐款 200 余万元，资助困难学生完成学业。自 2016 年起，剑南春集团便开始联合教育机构举办高考公益系列活动，为考生和家长提供免费考前辅导、志愿填报、职业规划等一系列社会公益服务，通过"线下+线上"方式，开展帮助学生开拓视野的务实性公益项目。

不仅关注教育，剑南春集团也全方位履行社会责任。10 余年来，剑南春集团先后向雅安市芦山县地震灾区捐款 1 000 万元支持灾后重建；2020年，剑南春集团向武汉捐款 2 000 万元用于抗击疫情；2021 年，为支持河南抗洪救灾，剑南春集团通过德阳市慈善会捐资 2 000 万元；2022 年，剑南春集团捐款 1 000 万元驰援甘孜州泸定县地震受灾地区。紧随国家脱贫攻坚、乡村振兴的发展战略，剑南春集团作为绵竹龙头企业，近年为绵竹、甘洛、中江捐款 300 余万元用于脱贫攻坚。

企业文化建设对于企业发展具有十分重要的作用，不仅有利于推动企业变革性提升，更有利于企业可持续发展。不论是内部加强员工素质提升、激发竞争活力还是外部履行社会职责、提升企业美誉度，企业文化建设都可以发挥重大作用。企业文化作为整体川酒产业文化建设的重要组成部分，只有不断变革创新、与时俱进，整体川酒产业文化才能有更加良性的发展。

第三部分

川酒产业文化建设困境

5 川酒产业文化建设的主要问题

5.1 对产业文化、川酒产业文化建设认识不足

理念是行动的先导，有什么样的产业文化建设理念，就会有什么样的产业文化建设做法。当前的川酒产业对于文化建设比较关注但是缺少较深且系统化的研究，尤其是对于产业文化、川酒产业文化建设认识不足，使得川酒产业文化建设过程中存在着多方面问题。

5.1.1 缺乏产业文化建设的思想意识

产业文化源自对产品和企业从文化的角度进行思考，是一种以产业为基础的文化。不同于文化产业，产业文化是将产业文化化，使之具有人格性，真正将文化融入产业当中，以文化为内生动力来拉动整个产业的前进与发展。《四川省国民经济和社会发展第十四个五年规划和二〇三五年远景目标纲要》明确提出：将发展壮大世界级白酒产业集群，培育世界级消费品产业集群，深度挖掘长江源头酒文化价值，提升中国国际酒业博览会等重点展会的国际化影响力。由此可见，川酒产业建设在当前发展规划中的重要地位，而文化作为川酒产业建设的原动力其重要性不言而喻。

以往的川酒产业发展偏重酿酒工艺改进、高品质酒类产品的生产、高新技术应用以及产品营销等方面，对文化在增强产业竞争力和创造产业附加值方面的作用关注不够。以企业阵地推进白酒品牌文化宣传和推广的做法居多，尚未将文化建设目标上升到整体产业的发展规划当中。

5.1.2 重视产业文化建设外在形式而轻视内涵建设

随着经济的发展，人民生活水平大幅提升，消费者需求从温饱型向品

质型跃升，品质消费成为消费新需求。消费者不再单纯追求物质的功能性使用价值，更加注重商品背后的观念价值与文化价值。这就意味着，产业文化的建设对于品牌观念、品牌文化具有重要的形塑作用。

目前，川酒各大酒企在自身发展各阶段都认识到了产业文化建设的必要性，但是重视程度仍然不够，部分酒企过于重视产业文化建设的外在形式而忽视了内容建设。文化建设是内容和形式的统一体，二者相互依存、互为表里。内容是指文化建设的目标和目的，形式是文化建设的外表和基础。只有内容没有形式，川酒产业文化的核心就失去了向现实转化的载体和渠道；只有形式没有内容，川酒产业文化建设就丧失了核心和灵魂，就会陷入抽象化、空洞化的危险。文化空洞的最终结果便是经济价值转化率低下。川酒产业文化在内容建设过程中，不能仅仅将"文化化"作为一种简单的工具来考虑，而是要把它作为创造价值的来源和建立消费者满意度的来源，更重要的是把它作为精神消费的源泉。只有重视产业文化内容建设与形式表达，才可能最大限度地创造和发展川酒文化生产力，满足川酒产业转型升级的客观需求。

5.1.3 川酒产业文化愿景内容过于宽泛

对于一个产业而言，愿景概括了产业发展的未来总目标、使命以及核心价值观，是将产业凝聚成一个共同体实现长远发展的重要文化理念。《中国酒业"十四五"发展指导意见》出台了13项目标，针对文化建设提出打造"世界级酒文化IP"的发展愿景。这样一个宽泛的目标概念，虽然为川酒产业文化建设发展指明了大方向，但如果缺少具体的阐释与解读目标，就很难引起酒企和消费者的情感共鸣。尤其是中小酒企，在面对"世界级酒文化IP"这一宏观目标导向时，可能找不到文化建设的切入点。同样，这种大而化之的产业文化愿景意味着独特性的缺失，也就意味着市场竞争力的丧失。而产业文化是支撑产区独特个性的重要因素，更是产区向高级形态不断演进的主要催化剂和核心驱动力。川酒产业作为一个大型白酒组织，它的文化愿景应是其核心价值观的体现和提炼，即有什么样的价值观就有什么样的文化愿景。当前针对整个川酒产业所提出的文化愿景，没有充分体现出植根于川酒本身的独特文化内容和价值理念。如何立足自身历史、文化、地理等因素优势，从中提炼出具有川酒产业特色的文化愿景是引导后续川酒产业文化建设的先导问题。

5.1.4　将产业文化建设误解为品牌宣传工作

由于当前没有一个较为系统全面的理论作为引导，产业文化建设在建设过程中出现许多认知偏差，部分企业尤其是中小酒企将文化建设与品牌宣传工作画上等号。川酒产业文化作为一种组织文化，其建设工作是一项系统工程，包括文化环境建设、核心价值观建设、规章制度建设、宣传工作、政治工作、公共文化娱乐设施和活动等多个方面。宣传工作是通过新闻策划、媒体建设、拍摄品牌宣传片以及投放广告等形式，将川酒产业长期以来形成的工匠精神、管理思想以及群体行为规范等传播给社会大众。不可否认，品牌宣传工作是产业文化建设过程中的重要环节之一。但是，仅仅将文化建设等同于品牌宣传工作，仍然是停留在产品的营销层面，不能够充分调动文化软实力的巨大潜能，同时也极大地窄化了川酒产业文化的内涵，犯了以偏概全的错误。

5.1.5　产业文化建设与企业管理契合度低

产业文化被当作一种抽象的思想建设，与企业管理实践缺乏有效关联。这主要表现在以下三个方面：一是产业文化建设与企业管理各自为政，使得产业文化不能真正渗透到企业的生产、经营、管理中。二是部分企业认为企业主要是依据生产经营状况和一定的业绩来评价企业的经济效益的，精神因素对企业内部的凝聚力、企业生产效率及企业发展起不到多大作用，因而与企业管理没有多大关系。三是一些企业不能将产业文化与企业管理相结合，产业文化只注重在理论、宣传、口号上下功夫，没有渗透于企业管理的体制、激励机制、经营策略之中进而协同发展；没有将企业的经营理念和企业的价值观贯穿在企业经营活动和企业管理的每一个环节和整个过程中，并与企业环境变化相适应。在川酒产业中许多中小酒企没有将企业文化与企业管理很好地融合，这就使得在企业内外部环境处在复杂的变量中时，企业文化不堪一击。

也正因为存在这样的认知偏差，产业文化建设在川酒产业发展过程中被割裂开来，脱离了企业制度的系统管理。川酒产业文化要想得到有效的良性发展，需要开阔产业文化建设的视野，产业发展的各个环节都需要文化作为原动力支撑川酒产业的持续性发展。

5.1.6　已有的产业文化建设思路创新不足

文化的发展离不开创新，川酒产业文化也不例外。在川酒产业文化塑造的过程中，首先，内容同质化现象严重。跟风和打擦边球现象较多，产业文化建设成效有待提升。白酒这一多重属性的产业发展到较高形态，其产业文化体系建设滞后所带来的诸多问题，具有其内在性和必然性。要推动产业持续发展，就必须对中国白酒产业文化展开系统梳理。在2022中国酒业活态文化高峰论坛上，四川中国白酒金三角酒业协会理事长王少雄提出："文化是白酒行业的核心竞争力，传统文化是中国白酒品牌的灵魂；而传统中的活态文化，则是中国白酒文化建设的价值指引。"作为一个以传统文化为基因的产业，活态酒文化的传承与发展，是当下川酒产业发展的基础性、持久性的支撑力量。川酒产业如何挖掘属于自身独特的活态文化？如何将其转化为区别于"他者"基因的"身份证"？这是川酒产业创新发展、转型升级和延伸产业链所必需的内生性"资本"。

5.2　川酒产业文化建设失衡，缺乏总体规划

川酒产业文化建设是一项系统工程，包括文化环境建设、核心价值观建设、规章制度建设、宣传工作、政治工作、公共文化娱乐设施和活动等多个方面。但是，川酒产业在深化自身产业文化建设过程中，面临着总体布局失衡的困境，长期存在着重产业轻文化、重部分轻全局、重传统轻当前的结构失衡现象。

5.2.1　主体失衡

当前，在产业文化建设方面，以"六朵金花"为首的龙头企业建设较好，"十朵小金花"和川酒集团等中小企业建设较为薄弱。

2019年2月26日，四川名优白酒联盟成立大会在成都举行，以川酒"六朵金花"为创始单位的四川名优白酒联盟正式宣告成立。川酒企业携手提升川酒整体形象，构建川酒溯源制度、品质标准，构建川酒品质规范管理体系，进一步提升川酒品质优势。川酒企业成立川酒原产地推广中心，重点打造一部宣传片、一个展示馆、一条旅游线、一个自媒体、一个

主题推广活动，创新川酒品牌塑造和推广方式，打造川酒高质量新引擎。这无疑从整体层面启发、推动了四川白酒产业文化建设实践。

川酒中小企业，虽然做出不少努力，获得一定成效，但是仍有很大的改进空间。如注重以口号形式宣传产业文化，但是口号之下的产业文化建设内容尚不丰富；或较重视厂容厂貌、内刊建设等，但企业员工可能并未真正认同产业文化，将相关作为看作"形式文章"或外在"摆设"；或跟风龙头企业，无个性、亦无特点。真正的产业文化要有内涵、根基以及与之配套的建设机制，非一日之功，也非数月可成。

5.2.2 板块失衡

产业文化按属性可以划分为物质文化层、精神文化层、制度文化层和行为文化层四个层面，其中，精神文化层和制度文化层共同构成了产业文化中的意识形态文化。这四个层面之间相互影响、密切联系、缺一不可，共同构成了川酒产业文化建设的内容，影响并制约产业文化建设活动的开展和实际效果。目前，川酒产业文化建设的重要问题之一是文化建设缺乏整体系统性，各个层次之间的建设缺乏配合。

5.2.2.1 物质文化层

物质文化层是产业文化建设的最外层，包括产业的基础设施建设、工作环境、企业名称、企业标志等。当前，在"物"的层面上，川酒产业已经拥有中国白酒行业最完善的配套设施，四川拥有宜宾市五粮液产业园区、中国白酒金三角酒业园区等，白酒工业设计、电商、金融、物流、包装等相关配套产业较为齐全。同时，拥有中国国际名酒博览会、中国国际酒业博览会等多个国家级行业展会平台，以及宜宾酒类交易所、泸州白酒产品交易中心、中国酒业大数据中心、原酒基金等白酒产业链上下游服务平台，形成了较为完善的产业配套体系。同时，由四川省经信委牵头，五粮液、泸州老窖、剑南春、郎酒、水井坊和舍得"六朵金花"作为筹备发起人单位，成立了中国白酒金三角协会，200多家企业申请入会，最终157家会员代表成为首批会员。协会成立之后，政府和企业之间架起了桥梁和纽带，拥有了以川酒产业为基础的信息共享平台。长期以来，川酒产业文化建设是重产业而轻文化的，即使当下川酒产业已经拥有了众多优质的产业配套设施，也并未改变经济效益本位的思维认知。对于物质文化的建设，着力点还是为了更好地优化产能结构，并未将川酒文化融进物质文化建设当中，使得文化还是停留在表面。

5.2.2.2 精神文化层

精神文化层包括产业精神、产业道德、产业价值观和目标体系。从产业整体层面上来看，川酒产业一直以来都没有以产业为基础进行过精神文化建设，更多侧重的是优化产能、调整结构以及加强基础设施建设等物质层方面。但是川酒文化是四川白酒的核心价值和四川白酒企业品牌的生命。现阶段白酒行业的竞争已经升级为品牌文化内涵的竞争，是文化创造财富功能的挖掘和发挥程度的竞争。当前的川酒产业缺乏对于产业文化的认知与共识，这就造成了川酒产业在共同的产业价值观、道德理念以及发展目标建设方面仍有较大不足。从企业个体层面上来看，以"六朵金花"为首的川酒龙头企业，对于自身的文化身份已经有了一个较为独特且清晰的认知与建构，但是还有很多中小企业的产业文化建设尚处于起步阶段。白酒消费本质上是一种为满足心理、情感和精神需求而进行的文化消费，白酒产业的发展必须顺应和满足消费者的精神文化需求和情感需求。当产业都没明确自身的精神文化定位，那在制定相应的文化战略时则一定会摸不着头脑。

5.2.2.3 制度文化层

制度文化层是产业文化建设的极为重要且容易被忽视的部分，主要指产业管理过程中的各种规章制度、道德标准、行为规范等。当前的川酒产业内部文化制度建设几乎为零，大多数企业除了象征性提出建立健全公司文化制度建设的口号外，几乎没有实质性的行动。没有产业文化建设工作制度的指导和约束，会导致企业文化建设行为存在一定的盲目性。即使有些企业明白产业文化建设的重要性，也清楚自身的发展愿景，但是在缺少相应的规章制度时，企业部门以及员工不清楚自己应该做什么、怎么做，这就导致产业文化建设始终无法成为企业常态化执行的工作。

这样一来，尽管集团大多数人都认为产业文化建设对于企业本身的发展来说至关重要，但苦于无章可依，企业中层无法系统性地对产业文化建设从决策面上做出有效规划；也因为没有规范性文件的指导，各部门以及子公司也没有明确的产业文化建设的制度性分工，在建设行为上要么停滞不前，要么因扁平结构的管理机制而互相推诿。长此以往，产业文化建设也就成了一纸空文，就更不必说产业文化建设的常态化了。

5.2.2.4 行为文化层

行为文化层是指企业员工在进行企业管理、教育宣传等过程中体现出来的文化现象，它一方面受产业精神文化的指导，另一方面又在各种活动中影响和创造着新的产业精神文化。川酒产业对于产业行为文化层的建设相较于其他三个文化层面更为丰富，当前的川酒产业行为文化建设，主要体现为以下几个方面。

一是品牌形象建设。随着世界格局加剧变化，"和美"不仅是中国人对未来的祝愿，更是世界各民族的共同美好期待。从小家到大家，从大家到国家，乃至构建责任共担、利益共享、休戚与共的世界命运共同体，"和美"正逐渐成为国际社会的共识。

2022年，五粮液集团提出"和美五粮"文化内涵，并将其贯穿企业经营管理每一个环节，"和美种植""和美酿造""和美勾调""和美营销""和美文化"，不仅体现了白酒生产和酿造的高度凝练，也成为五粮液"和美"品牌形象的新表达，让世界感知到"大国浓香"和美魅力，强化品牌认知度与认同感。

2023年，五粮液集团董事长曾从钦受邀对话博鳌，在活动伊始就发展机遇、全球互联互通等年度热点议题分享探讨，以"和而不同，美美与共"的开放包容及和美文化理念，向世界分享了锚定"确定性"的东方解答。曾从钦以产业视角和战略思维，从立足食品工业与现代农业深度融合、把握非遗工艺与现代酿造深度融合、强化感官体验与现代科技深度融合、强化感官体验与现代科技深度融合、促进酿造初心与时代使命深度融合等方面系统阐述了五粮液的"和美方案"。

二是数字文化建设。随着技术的不断发展，数字文化已经成为当今社会的强势力量。川酒产业文化建设为了适应如今的数字化时代，在顶层设计、管理和营销都做出了许多建设。例如，五粮液第二十六届12·18超级粉丝节以"千里星河，和美相聚"为主题，创新升级，在线上打造一个以"W星球"命名的数字互动空间。"W星球"数字互动空间规划搭建"数字酒文化博物馆""月下小酒馆""国潮打卡馆""星球藏品馆""共创之酒馆"五大功能区域。消费者既可在"数字酒文化博物馆"感受品牌厚重的历史文化底蕴，也可以在"月下小酒馆""国潮打卡馆""星球藏品馆"以对诗、打卡、拼图等系列互动玩法触发消费者的趣味白酒文化体验。消费者可在一系列虚拟与现实的交互体验中，充分感受中国白酒文化魅力，加深对五粮液品牌的认知。泸州老窖集团应用虚拟现实技术打造了VR酒文化体验宣传片《泸州老窖VR酒庄》，可为观看者带来酒香浓郁的"五感"VR 体验，激发消费者对历史传承的崇敬之情。

三是生态文化建设。白酒作为独特的地域生态产品，极大地依托生态环境，因此对生态的保护和建设是酿造好的白酒产品的关键。良好的生态环境是川酒产业可持续健康发展的重要保障。近些年不少酒企在打造生产园区时，建立起了各种形式的酒文化主题公园，保护了企业所在地的自然环境，也传承并发扬了各酒品的历史文化。例如，五粮液环保生态湿地公园、泸州老窖罗汉酿酒生态园、四川沱牌绿色生态食品产业园建设、剑南春大唐国酒生态园等，都是立足于绿色生态文化进行园区建设。此外，川酒产业还针对生态绿色类型的品牌酒进行了设计，同时也兼顾了产业生产的环保治理。

四是文旅融合建设。四川是白酒生产大省，也是旅游文化大省，旅游文化融入川酒产业能有效推进四川经济、政治、文化、社会和生态文明的建设与发展。川酒产业与旅游文化融合发展所产生的白酒旅游文化复合业态，催生了新的消费群体，带动了新的消费热点，推动旅游、餐饮、房地产、文化创意、电子商务、物联网等相关产业发展迈上新台阶。川酒产业多年来发力文旅融合，融入更为丰富的产业文化，打造出"川酒+"的多模态文化发展方式。

在上述四个层次中，精神文化层是产业文化圈层中最稳定、最深刻的部分，位于企业文化建设的核心位置，一旦形成就会对产业产生长远而深刻的影响。然而精神文化层的改变和再造是一个长期而缓慢的过程，通过短期突击建设无法实现。制度文化层和行为文化层是联系精神文化层和物质文化层的媒介，精神文化层通过中介层影响到物质文化层，物质文化层必然表现和传递精神文化层的目标设定。许多川酒企业忽视对制度文化层或精神文化层的建设，将过多精力和财力投入物质文化层的建设，以为建几栋文化场馆、办几次文艺活动就等同于文化建设，这恰恰漏掉了文化建设最核心的"精神"环节。当前的川酒产业文化建设各个板块发力不均，由于缺少顶层设计的指导，川酒产业文化建设暴露出诸多短板。

5.2.3 操作失衡

当前的川酒产业文化建设缺乏相应的产业文化建设领导体制和组织机构，在脱离企业制度的管理下各个企业对于自身文化活动的内容策划有着很强的随机性。企业基于自身的经营状况，会不定期地开展一系列的新品发布会、文化节以及品牌文化宣传片等活动。往往一会儿举办一个活动，一会儿又去进行竞赛，缺乏统筹规划，未能形成一种较为常态化的"同心文化"体系。各大川酒企业注重的仍然是自身差异化文化内容建设，缺乏以川酒产业为核心的文化发展理念，这就造成了在川酒产业文化建设过程当中，没有一个能够统领整个产业文化布局的角色。虽然已形成"中国白酒金三角酒业协会"这样以产业为基础的川酒协会，但是协会文化统筹力度犹有不足。

首先，从产业外部来看，川酒产业文化建设存在着总体发展布局不平衡的问题，大企业虽然建设力度较大，效果较好，但是并未能真正发挥引领作用。大企业对于产业结构升级和产业发展举足轻重，不仅有能力在纵向上通过整合产业链资源提高效率，而且在产业链的横向竞争中也是技术创新、组织变革和市场开拓的先驱者。但是川酒文化的传承、保护和创新均具有天然的高成本和高风险特征，单独的先驱企业往往难以持续地进行酒文化传承、创造和传播实践。

其次，从产业内部来看，川酒产业文化建设是整体性工程，涉及多部门，客观存在着协调困难等难题。因此，在缺乏充分协同的条件下，企业在文化意象、场景和符号的挖掘和创造过程中难免出现重叠，导致消费者认知模糊、片面、错位。这也使得整个川酒产业文化建设陷入一种同质化的沼泽，进而削弱了企业深化、创新自身酒文化的积极性。此外，许多中小酒企内部组织机构模糊化，没有一个系统的文化建设规章制度和发展规划，难以纳入整合规划。另外，川酒企业内部组织管理流程僵化，导致跨部门跨公司协作极其困难。川酒企业大部分仍是扁平化管理，各部门之间工作也相对独立，有时候各部门之间的专业化分工与权力职责不明，遇到需要多个部门分工协作的工作，特别是紧急、重要的事项仍然必须经过层层审批，执行进度缓慢，常常造成信息不对称的现象。很多部门以自己工作忙为借口不愿配合，内部沟通和协调能力差，造成工作效率降低。这些因素导致企业文化建设推广工作难以顺利进行。

川酒产业文化建设是一项复杂而艰巨的系统工程，也是一个循环往复不断推进的动态过程，其建设不是一蹴而就的，需要产业相关管理人员的长期努力。要想完善产业文化建设，在建设川酒产业文化的过程中不仅要在组织领导上落实，而且还要制定符合川酒企业实际、科学合理、便于操作、长远目标与阶段性目标相结合的川酒产业文化建设发展规划，为川酒产业文化建设奠定基础，协调川酒产业共同发展。

5.3 叙事不足，削弱文化影响

一是品牌叙事缺乏焦点。在有限的企业文化中，填入了大量碎片化的叙事内容，如产品特性、历史传承、工匠精神、改革创新、企业实力等一股脑地被插入品牌叙事中，叙事内容过多也就难以给消费者留下深刻印象，难以体现出独特的产业文化形象，更难以形成"出圈"的传播效果①。

不断切换的叙述使品牌叙事难以形成叙事合力。川酒企业应该从体系上整合碎片元素，沉淀出符合品牌特色的文化底蕴，在产业主题的引领下，决定叙事素材留弃，斟酌叙事风格，把握叙事节奏。

二是叙事风格同质化严重。当前的川酒叙事存在跟风现象，多数只停留在对物质层面、产区层面的叙事，缺少对宏观层面产业文化与微观层面企业需求的本质思考。

三是产业文化叙事主题没有达成共识。川酒产业文化叙事分散是企业内部、企业之间与产业内部的联系与沟通较少，没有达成文化共识，缺乏文化的顶层设计，导致四川白酒产业文化软实力整体不聚焦，形成随意化、碎片化、断裂式叙事。

四是产业文化营销与叙事关系处理不清。产业文化叙事的要素跳过了故事本身而直接指向营销目的，会让消费者产生戒备心理。川酒产业是四川白酒品牌的集合，应该以集体的声誉为重。只有讲好川酒故事，以最真挚的文化与情感打动消费者，才能得到消费者认同，进而达成产业共同的营销目标。因此，虽然营销目标是最终指向，但是产业文化的叙事要素应首先服从故事所需。这一逻辑清晰易懂，但在实际操作中，产业发展可能会急功近利，被眼前利益所牵引，把产业故事演绎为直白而生硬的推销。解决这一问题须处理好叙事和营销的关系，遵从叙事逻辑和市场逻辑，讲好故事才能助力品牌达成营销目的。

---

① 陈洁. 央视品牌故事片叙事策略解析 [J]. 声屏世界，2020 (6)：16-17.

5.4 传播不足，缺少关系中介

川酒产业在不断探索文化创新的叙事方式，不断挖掘能够与产业形象相结合的文化内涵，以彰显川酒的独特风格。但是，通过"他者"的形象传播川酒产业文化，往往会产生意想不到的效果。关系是社会生态的基本结构，人们更易去相信那些熟人的话语。关系从来不是一种静态的资源属性，而是社会系统演化中的动力支撑。进入移动互联时代，社交关系场景不断进行着演变与重塑，关系深入到现实与虚拟双重空间，对消费者的认知影响很大。品牌利用关系场景来表达，会让消费者产生信任，能唤起身处日常生活中的普通大众的行为延伸与情感共鸣。

然而，在当前川酒企业传播实践中，一是缺少与意见领袖的商务合作。川酒产业文化传播更加注重从产业的自身角度构建宏观的文化意义，而通过意见领袖这一途径传播产业文化方面存在不足。意见领袖是社会中信息和影响的重要来源，并能左右多数人态度倾向的少数人。意见领袖可以是网络网红、明星、知名学者等，他们拥有一批忠实粉丝，并与粉丝之间建立起了情感联系。这对于川酒产业来说，意味着粉丝相比于普通用户更容易成为潜在文化受众与消费者。意见领袖与粉丝之间建立情绪资本，可以通过移情效应让粉丝爱屋及乌地对产品以及品牌产生好感，并最终接受产业文化，甚至产生消费行为，实现从粉丝到消费者的转变[①]。由于意见领袖往往深耕某一领域的垂直细分领域，其粉丝群体通常也具有稳定性，通过意见领袖，川酒产业更容易找到精准定位的潜在消费者。在意见领袖的选择上，需要通过大数据调查各大意见领袖的垂直领域，意见领袖不仅要遵循品牌调性匹配，还要有一定的传播影响力。

二是缺乏品牌联名搭建共赢关系。在川酒产业文化构建中缺少以整体产业为主体打造的联名活动，产业整体观念与意识不强，导致产业的活跃度较低。川酒产业内部企业合作的频率较低，关系连结缺少紧密性，没有形成川酒产业合力。川酒产业应该充分发挥自身的能动性，积极参与品牌联名，寻找符合自身产业特性的合作伙伴。

---

① 李洁，陈思思. 网红经济视角下品牌 KOL 营销策略研究 [J]. 商场现代化，2022（17）：52-54.

品牌联合是两个或两个以上消费者高度认可的品牌进行商业合作的一种方式。品牌联名营销是以品牌联名合作的方式，整合各方优势资源形成互补助力，共同打造联名款产品①。根据联名款产品的特殊性引发消费者猎奇心理，以此制造新的营销卖点。品牌在选择联名品牌进行合作时，会优先考虑所联名品牌是否具备强势的品牌资产。品牌资产涵盖品牌形象、品牌知名度、产品品质等，选择品牌资产较高的品牌进行联名合作，可以帮助联名主导品牌提升自身价值。

5.5 反馈不济，影响难以破圈

一是传播视角缺少共鸣。川酒产业文化的互动传播存在着明显的断层，原因是内容生产的过程出现了问题，文化生产者并没有充分认识到用户参与互动传播的情感需求，难以产生文化认同与共鸣。川酒产业文化更多倾向于以产业的视角出发，搭建宏观视野的文化叙事，打造出大品牌的形象，居于庙堂之高，而缺乏"亲民众之心"的消费者思维。这是由于川酒产业没有考虑到视角差异对传播效果的影响，没有采取消费者所喜闻乐见的方式。与消费者达成情感共鸣，搭建良好的、完整的互动链条，可以使文化互动传播进入良性循环态势，但断层的文化互动传播，会伤害用户的感情、减少用户的互动传播量，对用户、产业与平台都是不利的②。

二是有效反馈仍不到位。文化传播反馈具有极高的复杂性，反馈是否有效，代表着反馈质量的高低。川酒产业文化传播缺乏有效反馈来为目标效果与实际发展之间的差距提供提示信息，并产生改变行为的动机。这主要来自难以识别有效反馈、反馈路径不清晰、有效反馈未被量化统计三方面的问题。第一，难以识别有效反馈。有效反馈具有以下特征：有效反馈以真实为前提；更加专注于问题，触发行动；有效反馈内容准确且可以量化。第二，反馈路径不清晰。在川酒产业文化的建构过程中，川酒产业对反馈环节的重视度不够，没有形成完善的消费者反馈机制，文化传播反馈路径未成体系。因此，川酒产业文化难以在反馈中获得精进的动力。第

---

① 何立群. P 品牌联名产品营销策略优化研究 [D]. 上海：上海外国语大学，2022.
② 贺梦茹. 微博新闻类短视频传播互动优化路径探究 [J]. 西部广播电视，2022, 43 (18)：4-6.

三，有效反馈未被量化统计。使用量化的方法来总结反馈，可以让反馈更精准，在感性的反馈中，总结出理性不足和缺陷，从而指导产业的未来发展。

三是传播效果缺乏科学评估。第一，产业文化传播缺少效果测量机制。准确而有效的传播效果测量与评估对于川酒产业文化的建构与传播策略有着重要意义。但是，文化作为一种理念层面的内容，极具开放性和虚拟性，因此对它的传播效果的测量更加复杂。首先，从客观角度上来讲，消费者与川酒产业文化认同度之间的影响因素庞杂，涉及环境、市场、社会等多重不确定因素，因此在数据的准确度上难以被信服，川酒产业文化的效果测量机制没有形成科学闭环。其次，从数据的获取上看，川酒产业的文化传播平台未建立完善，难以获取数据，形成科学的评估机制。在数据为王的时代，拥有数据则掌握了未来发展的重要风向。数据是对某个对象过往状态的、数字化的描述与统计。随着当代计算机的发展，人类与数据之间的壁垒逐渐消除，人们能够从数据中观察得失、总结经验。因此，应该完善川酒产业文化传播平台建设与测量机制，抓住数据带来的发展潜力。第二，产业文化传播缺少合理效果标定。在白酒市场中，并没有形成市场统一的产业文化效果标准，学界对效果标定的成果不足，存在着概念混用、研究思路阐述较为混乱、具体指标的提出不够与操作性定义不足等诸多问题。因此，很难将白酒产业文化的传播效果标定放到同一个层面上来讨论。首先，川酒产业文化的影响效果评估标准的不足在于，使之量化为具体的指标是非常困难的。这为效果标定的因素选取增加了不小的困难。其次，产业文化传播效果有短期效果与长期效果之分，现有的效果测评标准更加重视短期和中期效果，而对长期效果重视不够，对产业文化的长期效果尚未得到反映。最后，简单的效果标定只能在部分范围内反映消费者的态度与感受，且数据的造假现象层出不穷。效果标定只能在一定程度上反映问题，而难以做到精准与合理地展现川酒产业未来的发展方向。

6 川酒产业文化建设的影响因素

6.1 社会因素

6.1.1 酒的社会习俗带动酒文化兴盛

从古蜀文明到现代发展，川酒历史悠久、底蕴深厚，在文人墨客的影响和社会环境的变迁中形成了独具特色的巴蜀酒文化。

三星堆古遗址考古发现了大量酿酒器具和饮酒器具，这证明距今 3 000 至 5 000 年前，四川就拥有了成熟的酿酒业和酒文化。历史上，巴蜀大地产酒丰富多样，有先秦时期僚人酿制的清酒、秦汉时期僰人酿制的蒟酱酒、三国时期鬃鬃苗人用野生小红果酿制的果酒，也有唐朝时期的绵竹烧酒、宋朝的新制"蜜酒"等。同时，四川的少数民族众多，形成了独具特色的酒文化习俗。古代的文人墨客也对川酒着墨颇多，尤其是唐宋时期。唐代诗人张籍在《成都曲》中写道："万里桥边多酒家，游人爱向谁家宿。""诗圣"杜甫为避安史之乱结庐而居时也曾留下"川酒浓无敌"的赞叹。这些诗句深化了社会对川酒文化的认识。

现代川酒文化的发展离不开城市，酒文化氛围浓厚且休闲的四川城市和幽默乐观的四川人民进一步推动了现代蜀地酒文化的蓬勃发展。

比如以"中国白酒之都"闻名的宜宾，不仅拥有几千年的酿酒工艺和行业龙头白酒品牌五粮液，同时整个城市也保持了浓厚的酒文化气息，设有五粮液中国白酒文化博物馆等景点；"风过泸州带酒香"，泸州街头不仅有常见的酒文化雕塑，如麒麟温酒器、"泸人嗜酒图"等，而且酒文化也是泸州当地市民认可度最高的本地特色文化，孕育了独特的喝酒文化，如"喝单碗"；同时，还有连续 13 年登顶"中国最具幸福感城市"榜首的成都、苏轼盛赞"三日开瓮香满城"的绵竹等，这些城市不仅孕育了多彩而独特的川酒文化，同时为川酒文化提供了孕育的土壤和发展的动力。

6.1.2 相关政策调整左右酒文化方向

6.1.2.1 国家政务消费政策的调整

国家政务消费政策，尤其是 2013 年"三公消费"政策的调整，向社会传递了理性消费理念，带动白酒行业和酒文化在经历 2002—2011 年的"黄金十年"发展期后走向更加理性、更加良性的可持续发展道路。

三公消费指政府部门人员因公出国（境）费用、公务接待费、公务用车购置和运行维护费。2011—2013 年，国家进行大刀阔斧的公务消费整治，出台了一系列政策限制三公消费，降低政府的公务接待费用。三公消费的限制对白酒的需求侧造成了极大冲击，白酒政务消费占比迅速走低。2021 年 3 月国务院召开的第五次廉政工作会议上，明确指出要严格控制三公经费，禁止用公款购买香烟、高档酒和礼品。相关规定使得酒文化的理性化发展趋势逐渐增强。

6.1.2.2 行业标准的细化

近 5 年来白酒行业陆续发布了一系列标准类文件（见表 6-1），进一步规范了白酒的生产，护航白酒产业持续发展。同时，行业良性发展将助推酒文化的后续发展，影响酒文化的意义延伸。

2021 年 5 月发布并于 2022 年 6 月 1 日开始正式实行的白酒"新国标"重新梳理白酒概念，规范行业发展。一是明确粮谷仅包括谷物和豆类的原粮和成品粮，剔除薯类粮食，提高低端酒企的生产成本，提升白酒品质，强化消费者对白酒的消费认知。二是区分白酒和配制酒，推动传统白酒专心工艺，新增兼香型、董香型、馥郁香型，繁荣白酒行业多元化发展，促进白酒工艺发展创新，推动传统白酒文化传承突破。三是提出白酒新名片"Chinese Baijiu"，规范中国白酒英文名称，展示中国形象、中国工艺，推动中国白酒国际化踏入新阶段。

2021 年 12 月，市场监管总局组织起草了《白酒生产许可审查细则（征求意见稿）》，并向社会公开征求意见，意在规范、指导白酒生产许可工作，加强白酒质量安全监管。该征求意见稿主要提出企业应建立白酒勾调管理制度，同时还应建立产品标签标识管理制度，不得标注"特供""专供""特制""特需"等字样。

相关调整使得"剑走偏锋"的酒文化传播方式有所收敛，引导人们对酒的关注回归到酒产品本身。

表 6-1　中国白酒行业部分最新政策一览表

日期	政策名称	主要内容
2022.06	《GB/T 15109—2021 白酒工业术语》《GB/T 17204—2021 饮料酒术语和分类》	围绕"提高行业门槛，加速消费升级"的主线，明确粮谷仅包括谷物和豆类的原粮和成品粮，加强对白酒品类的界定，强化消费者对白酒的消费认知，提升白酒品质，规范行业发展
2022.01	《关于加快现代轻工产业体系建设的指导意见（征求意见稿）》	针对年轻消费群体和国外消费群体，发展多样化、时尚化、个性化、低度化白酒产品
2021.09	《商务部关于"十四五"时期促进酒类流通健康发展的指导意见》	到 2025 年，基本建成规模化发展、连锁化运营、标准化引领、多渠道、多业态、多层次、多场景、全覆盖的酒类流通新格局。基本形成依法经营、公平竞争，放心安全，绿色科学的酒类流通发展环境
2021.04	《中国酒业"十四五"发展指导意见》	明确"十四五"中国酒类产业的十三个主要目标。在品牌培育上实施"世界顶级酒类品牌培养计划"。在文化普及上，打造"世界级酒文化 IP"
2019.11	《产业结构调整指导目录（2019 年本）》	"白酒生产线"从限制类工业中剔除，白酒不再是国家限制产业。吸引优质资源、外部资本进入酒类产业，加剧市场竞争，建立良性竞争机制。淘汰落后产能，实现资源优化配置

6.2　经济因素

6.2.1　产品结构调整丰富酒文化版图

6.2.1.1　高端、次高端白酒市场持续扩容

白酒行业自 2016 年以来一直处于稳定的上升趋势，并由第一成长阶段，即 2016—2020 年高端酒率先起势，转向第二成长阶段，即次高端逻辑持续兑现。

根据财报，在 2021 年，高档/高端白酒已经成为白酒企业业绩尤其是利润的重要支撑，贡献率少则占比 50% 左右，多则占比 90% 以上。比如舍得酒业酒类产品营收 45.77 亿元，中高档产品营收 38.74 亿元，占比 84.64%；四川水井坊高档产品营收 45.19 亿元，在公司总营收占比高达 97.79%。不仅是上市酒企，其他强势品牌也在高端/高档白酒全面发力。同时，从市场份额来看，近几年我国次高端白酒营业总收入在规模以上白酒企业中的占比有所增加，从 2016 年的 4.06% 增加至 2021 年第一季度的 10.06%，呈明显增长之势。高端、次高端白酒市场持续扩容直接促进主营高端、次高端的白酒企业的文化建设，同时将进一步助力酒文化向高质量、高品位方向持续发展。

6.2.1.2 低端酒丰富或冲击品牌文化

品牌酒企为了进一步扩大消费市场进行战略布局而衍生出了众多子品牌，一方面这些子品牌丰富了川酒文化的内涵；另一方面，个别子品牌的发展理念与母品牌相左，并不能对核心酒文化的发展和传播形成有效的助力。

当前，不少川酒企业已经形成了较为丰富的品牌体系（见表 6-2），子品牌的布局确实丰富了川酒产业文化内涵，在为其注入新鲜活力的同时开发了下沉市场，然而，若不能较好地协调子品牌与母品牌关系，便可能对产业文化核心影响力形成冲击。

表 6-2　主要川酒品牌

母品牌	子品牌
五粮液	五粮春、五粮醇、五粮特曲、五粮头曲、尖庄、五粮本草、龙虎、上选、仙林、亚洲
泸州老窖	国窖 1573、泸州老窖 1952、泸州老窖特曲、百年泸州老窖窖龄酒、高光、泸州老窖头曲、泸州老窖二曲
剑南春	剑南春系列；剑南系列；其他系列如御供、官坊等
郎酒	奢香藏品、红花郎、新郎酒、老郎酒、郎牌特曲
沱牌舍得	天子呼、吞之呼、智慧舍得、品味舍得、天曲、特曲、优曲
水井坊	水井坊菁翠、水井坊典藏、水井坊井台、水井坊臻酿八号等

6.2.2 市场消费动向影响酒文化发展

中国酒业协会发布的中国白酒消费趋势报告（2022）显示，白酒消费市场新动向体现在多个方面。

首先，国内外消费市场。中国白酒市场受到国外酒品的严重冲击，消费市场萎缩导致酒文化概念发展和传播受限。一方面，国内白酒市场保有和扩张显得乏力，国际化战略进展甚微。另一方面，包括烈性酒在内的许多国际酒类品牌纷纷抢滩中国市场，如法国白兰地、俄罗斯伏特加、苏格兰威士忌、日本清酒、韩国真露等，都在不同程度地分割着中国酒品消费市场。

其次，从白酒消费的地域分布来看，四川省居全国首位，其次分别是广东省、河南省。从白酒消费的省（自治区、直辖市）外销占比来看，四川省居全国第四位，外销占比85%。前三位分别是贵州97%、北京95%、山西90%。综合来看，川酒的省内和省外消费市场都较为开阔，这一方面有助于本地民众理解川酒文化，筑牢川酒文化发展基础；另一方面有利于川酒文化在全国范围内的传播，扩大文化影响力。同时，广阔的省外消费市场势必会推动产品开发，有助于川酒文化的内容意义增值，助力多元化发展。

最后，消费者性别。有数据显示，当前女性酒类消费者占比从2017年的4.8%提高到2021年的19.0%。相较于男性消费者，女性消费者似乎更倾向于多元化口味的白酒产品，玫瑰、蜜桃等新细分味道成为关键词。此外，白酒消费群体中，21~30岁的消费群体增速最快，31~40岁的消费群体占比最高，年轻人正在成长为白酒消费的主力，是未来中国白酒新的增长点。考虑到消费者的迭代，白酒走向新一代消费者的步伐加快，许多酒企在品宣和产品上都做出更加倾向年轻化、时尚化的布局，以此丰富酒文化意义。

6.2.3 新经济新业态充实酒文化内涵

6.2.3.1 互联网时代 IP 概念兴起，白酒文化跨界转变

互联网新经济背景下，"IP"概念兴起，发展培养"IP"甚至"超级IP"成为各个行业的重要发展方向之一。在营销层面，为了进一步开拓市场份额，吸引新的消费者，各大白酒品牌开始在企业发展中融入"文化

IP"概念。一方面，各大白酒品牌寻求跨界破圈，联动文化 IP 开发产品，比如酒鬼酒与世遗 IP 展开合作，围绕《万里走单骑》节目，推出国潮文创联名酒礼盒。另一方面，它们积极开辟新 IP，如五粮液"和美文化节"、郎酒"三品节"等。IP 概念的兴起和引入，使得酒文化的潜力和活力被高度激活，体现出了极大的生产力和创造力，进一步丰富了酒文化内涵。

6.2.3.2 电商崛起，酒文化概念下沉

近年来电商平台的发展为人们购物提供了更加便捷的条件，消费者逐步养成线上了解信息和线上购买的习惯，白酒行业也不例外。数据显示，2022 年白酒线上销售规模整体呈上升趋势，总销售额突破 300 亿元。同时，传统的线下渠道降效，白酒消费者的信息触达方式往线上发展，线上渠道对白酒用户的购买决策影响力也在不断扩大，成为消费者了解白酒信息的重要途径。电商的崛起一方面促使白酒行业涌现出了众多基于数字技术的新零售方式；另一方面促使酒文化概念下沉，衍生出亲民性、互动性、"接地气"等多元属性，提升了白酒对消费者的感染力。

6.3 技术因素

现阶段白酒行业的竞争已经升级为品牌文化内涵的竞争，文化创造财富功能的挖掘和发挥程度的竞争。一方面，技术研发本身能成为品牌故事的一部分，发展为该产业的文化；另一方面，不同技术能够对产业文化赋能，使产业文化焕发新的活力。

6.3.1 技术制约文化发展

川酒的酿造技术历史悠久，远可追溯至秦汉。目前，川酒的传统技术已经成为一块"金字招牌"，但川酒对技术的现代精进也处于一种尴尬的状态。相关资料显示，中国白酒业相关专利中多为外观设计专利（14 495 项），远远多于实用新型专利（1 945 项）、发明专利（1 639 项）。川酒作为中国白酒的标杆，自然也不例外。白酒专利结构严重偏向于外观设计专利，说明企业过多将资源放在申请技术含量相对较低的外观设计专利上。即便如此，众多的外观设计也并没有将技术专利转化为产业文化。从专利利用状态上看，外观设计专利 52.8 % 处于失效状态，这是外观设计专利生

产质量低的表现。在酒类的外观设计这个领域，要从数量为主转移到高效质量为主，将现代的酿造技术与高品格的外观设计融合，形成现代化产业文化的一部分。

世界各酒业发达国家都在挖掘各自的酒品特质，进行各具特色的文化时尚表达，如浪漫的红酒、高贵的威士忌、优雅的白兰地、豪放的伏特加。川酒产业文化受古法技术悠久传承的思想束缚，固守于简单地讲述窖池历史、手工酿造、香型口感，忽略了传统内涵的现代化表达，形成川酒产业文化与现实生活的割裂，遗漏了挖掘与潜在受众的普遍性联系，仿佛只与对白酒有深刻研究的发烧友进行文化交流。川酒产业应积极探索川酒文化的时尚表达，赋予其更普遍的情感价值，激发更广泛受众的情感认同。

独家技艺的古法传承、得天独厚的地理风貌为川酒产业文化赋魅，但也形成了一个技术黑箱，使得相关人士在丰富产业文化时，只能跳过这最具魅力和创新价值的环节深入挖掘，转而对包装外观、酿酒作坊、古诗词等外界赋予的文化精益求精。

在长期以来形成的一体化生产供应体系、产品经销体系之下，川酒更是在终端消费者面前被遮上了重重面纱，让明明白白消费成为川酒产业文化发展的最大软肋。在整个生产流通环节中，缺乏围绕白酒产品完全可视化的信息整合平台，产品可追溯性低，导致消费者对产品的原料来源、生产工艺、流通过程等关键信息匮乏，而对传统技术赋魅又使不法分子有机可乘，假冒伪劣名优白酒屡禁不止，使得川酒产业文化的品牌价值有了瑕疵。

此外，由于川酒产业文化主要以酒厂原产地为中心，打造文化旅游景区。这种方式仅以线下观光为主，传播受众窄，辐射范围小，很难塑造广为流传的产业文化。因此，如何在人人都有手机的时代，利用新媒体建构、扩散、凝聚川酒产业文化，使其在线上线下协同发展，一定程度决定了信息时代对川酒产业文化的传承发扬。

6.3.2 技术赋能文化发展

当前，信息技术已经成为文化传播极其重要的载体，利用好信息技术将源远流长的川酒文化挖掘好、利用好、传播好，才能将川酒产业文化做大做强。

区块链技术具有不可篡改和可追溯的特征，并采用点对点的网络结构和分散化的存储模式，供应链条上交易信息真实性能得到保证。区块链技术驱动川酒产业文化发展的着力点可以有以下几个方面：

第一，运用区块链技术的超级账本功能，促进川酒生产端原粮原料地理标识的强化与固化。运用区块链技术的超级账本功能，强化和固化酿酒原粮的地理标识，追踪"从一粒粮到一滴美酒"的全流程，助力白酒企业打造全产业参与的联盟链，将全链条核心信息记录在链上，促进川酒质量可视化，助力市场监管，打击假冒伪劣产品；助力川酒营销创新，促进川酒企业从原有价值链向信任链建设的战略转型，提升白酒市场在整个酒类消费市场中的占有率与经济效益。

第二，运用区块链技术的智能合约功能，促进白酒销售端精品优质特色可视化、智能化。运用区块链技术的智能合约功能，与白酒产品一对一锚定，通过原厂发货、智能仓储、老酒贮藏、线上馈赠转让、物流全程上链、产品到货扫码验证等多元化服务，实现全流程标准化建设的创新销售模式，促进白酒销售端精品优质特色可视化、智能化，为产业的发展带来更大的价值和收益。

第三，运用区块链技术的分布计算功能，促进白酒产业供应链体系的融合高效。运用区块链技术的分布计算功能，将分散的数据库连接起来，可以建立多方参与、信息交换的场景，构建透明化的实时管理体系，提升企业管理效率。基于区块链技术和企业管理效率的提升，建立企业之间新型、安全、高效的沟通平台，通过数据确权，实现企业数据实时交互，有利于名优白酒企业寻求合适的标的企业，借助资本、技术、品牌等优势，加快对中小白酒企业的兼并重组，推动白酒集约、集聚发展。

五粮液集团创建了"五粮液数字酒证"，即运用区块链技术与五粮液实物酒一一锚定的电子提货凭证，消费者购买"五粮液数字酒证"产品，将享有原厂直供、原厂智能仓储、原厂发货、馈赠转让、一键质押、防伪保险、在线提货等多元化服务，结合保险实现全闭环保真，轻松管理数字酒证资产。数字酒证由保险公司全程承保，其权属、价值由区块链技术和保险公司双重保障，规避了实体白酒在离开酒厂后因调包替换等风险而造成的价值存疑问题，为"五粮液数字酒证"的收藏、馈赠和投资消费场景奠定了价值信任基础。

技术赋能产业文化建设，主要体现在：一方面，数字技术与产业文化深度融合，可带来更多新业态、新体验，为酒产业文化的传承与创新注入新动力，提供新动能，创生出与现代社会相协调、与人民精神文化需求相契合的内容。另一方面，运用数字化叙事传播酒产业文化的过程，是对酒产业文化进行内容再创造、再阐释的过程。酒产业文化依托数字技术在内容互嵌基础上创新转化为符合受众体验需要的新模式，连接过去与现在，通过共享、共情、共鸣使酒产业文化更具现代感染力和吸引力。

第四部分

建议与展望

7 促进川酒产业文化健康发展的几点建议

产业文化建设与产业发展密切相关。不同的产业发展阶段，产业文化建设的难点、重点都有差异，产业文化须与时俱进，才能从更深层面带动产业发展走上快车道。这个过程中，尤其需要注意三个问题：一是过度产业化问题。产业文化作为影响产业、企业发展的更深刻、更长久的精神内涵，具有独特性和创造性，不能不受产业发展影响，但又不能太受产业发展影响。二是融而不合问题。产业文化建设几乎与产业发展的任何一个部门都有交集，需要与既有发展思路充分融合，如果没有内生动力支撑，这种融合将止步于表层。三是唯要素论问题。产业文化发展离不开资源、设施、人才、技术等。但是如果过于夸大某一要素的主导作用，对于产业文化建设也非常不利。

7.1 以共同内涵结构夯实产业文化生长力

酒文化反映出特定区域内酒生产和消费过程中的人文精神和生活方式，川酒在整体上植根于巴蜀文化，因而，要从整体上增强川酒产业的竞争软实力，就需要在战略上建构川酒的整体文化形象。2022 年，中国酒业活态文化高峰论坛提出了白酒文化建设的重要性，文化是白酒行业的核心竞争力，传统文化是中国白酒品牌的灵魂，而传统中的活态文化，则是中国白酒文化建设的价值指引。近年来，川酒在产量、营收、利润等方面处于全国领先地位，然而川酒产业的文化软实力却很难被量化，也难以系统化呈现。当前川酒品牌百花齐放，五粮液、泸州老窖、剑南春等川酒"六朵金花"都发展出独具特色的品牌文化,此外,川酒"十朵小金花"也都找到了各自的文化路径。然而在丰富多彩的品牌文化之上,川酒需要一个更具共识和特色的文化形象,塑造人们对于四川白酒的整体文化认同。

具体来说,超越了具体品牌概念的川酒文化应当以植根于巴蜀大地的丰厚人文精神和物质生活方式为依托,提炼酒对于川人人文精神和生活方式的影响,挖掘其文化优势,避免过于空泛的产业文化愿景,凝练出统一的川酒文化形象。纵观巴蜀历史,地理边界的变迁、民族地域的融合等因素造就了巴蜀文化的独特性格与精神。巴蜀文化讲求实效,具有实干精神。蜀绣、蜀锦的精细全国闻名,川西民居样式精巧又经济节约,巴蜀美食则讲求色、香、味、型、意俱佳,被誉为"美食在民间"。巴蜀文化推崇技艺,强调技术的应用性,从金沙遗址起源的金器、玉器、石器等工艺无比精湛,饮食中传统技艺的传承更是久负盛名。巴蜀文化兼容并蓄,彝族文化、土家族文化、傈僳族文化等集聚交融,形成了巴蜀开放包容的文化品格。这些巴蜀文化的特质都是川酒文化的基因,也是能够受到广泛认同的川酒文化形象素材。例如,以"匠心"强调川酒在生产技艺传承过程中形成的匠人精神与品质文化;以"开放包容"赋予川酒与中华文化相贴合的道家精神。"悠然自得"作为巴蜀文化的重要品格也为川酒文化增添了一丝随性自在的气韵。

川酒产业共通的文化身份会让川酒成为一种文化符号,它凌驾于具体品牌之上,具有更加深沉的文化内涵,作为川酒企业发展的背景资源,哺育着川酒企业进一步向纵深发展。

7.2 以多元发展思路提升产业文化影响力

7.2.1 积极引导培育产业文化建设主体

在产业文化建设过程中,大企业在资源挖掘、渠道开发、品牌培育和市场推广等方面都发挥着重要引领作用。但是中小企业也是产业文化建设的重要力量。只有产业文化"生态平衡",才能推动产业文化繁荣发展。因此,一方面,要继续鼓励大企业站在宏观的角度和历史的高度,建设好、发展好产业文化;另一方面,要鼓励中小微企业进一步挖掘川酒的文化内涵,以"技术+""场景+"等思路创新川酒文化的表达方式,真正让四川成为一个开放的、多元的"酒文化码头"。

7.2.2 注重挖掘川酒产业文化不同板块

如前所述，许多川酒企业忽视对制度文化层或精神文化层的建设，将过多精力和财力投入物质文化层的建设。今后，一方面，要加大对酒历史资源的挖掘力度。川酒是物质文化和精神文化的载体，其丰富深远的人文精神构筑了川酒文化的精神内核。古代的侠客雅士举杯畅饮，共说风雅；将士出征英勇告捷，大摆庆功宴，酒超出了物质消费本身，成为嵌入人类文化系统的精神力量，渗透到中华传统文化艺术当中。苏轼"把酒问青天"、李白斗酒诗百篇，巴蜀饮客在经典名篇里描绘出川人的杯光盏影，在历史的长河形成了川酒独特的精神文化。此外，还有较多与川酒相关的民间习俗，如春节时，四川人通常会在年夜饭上喝一杯"常酒"来驱寒暖胃；清明节为祖先上坟时，往往先点上香，随后倒上两杯酒，表达对祖先的缅怀；四川话里的"吃酒席""满月酒"等，都体现出了酒的重要地位。进入现代社会，川酒仍旧是节日庆典、社交生活的重要角色，兼具礼节制度与休闲娱乐的多种功能。

这些都是川酒产业文化建设的内容富矿。另一方面，要继续做好行为层面的文化建设。当前，川酒企业在行为层面的产业文化建设方面可圈可点，但是巴蜀元素体现仍不充分。如何更好地运用巴蜀元素建设好川酒产业文化，也是未来需要思考的重点。

7.2.3 引入多元手段推进产业文化建设

场景营销：深挖与重构。美国烈酒企业会抓住节假日展开营销，这些酒企的产品、广告设计也会兼重与相关场景的匹配情况，如啤酒的畅饮、泡沫，香槟的喷洒等。四川白酒产业文化建设，既需要深挖核心目标消费群体的具体消费场景，寻找匹配点位，实施精准营销，也需要通过强化互动、重构消费场景实现"群体扩张"，进而增加四川白酒产业文化影响力。

活动营销：互动与整合。四川白酒可以介入重大的社会活动或整合有效的资源策划大型活动进而迅速提高企业及其品牌知名度、美誉度和影响力。如马爹利跨越圈层打造时尚派对，联合众多音乐人燃爆都市生活，为年轻群体带去了潮流奢侈体验，并与最前卫的视觉内容团队共创派对视觉，用科技声光电打造出沉浸式的派对体验，缔造出鲜明的潮流、先锋、年轻等诸多文化符号。

战略创新：多变与不变。产业战略，既有基于市场风向的战略判断，也有基于民族与文化模式的深入思考。白酒产业文化不缺深厚的历史底蕴，缺少的是在互联网时代获得年轻人的注意力的能力。白酒年轻化目前还没有具体的标准，但是以年轻一代为对象实施口感优化以及突出品牌的个性化和情绪可能是必须要解决的问题。不少白酒品牌也在做一些白酒年轻化的尝试，口感方面，如低度果香型白酒实验将果皮烘干后放入窖池一起发酵；色泽方面，可考虑何种颜色对年轻消费者更具有冲击力和诱惑力。后者如让"WARM+"战略体现核心导向。四川白酒产业文化可以着力体现民族精神，以"WARM+"为统领，与中国红、中国结等具体意向以及"仁、义、礼、智、信"等内涵形成呼应。这是白酒之魂，也是我们应当坚守的阵地。

7.3 以好的品牌叙事优化产业文化传播力

电影《肖申克的救赎》中的安迪，花了二十年的时间挖出了一条逃离肖恩克监狱的隧道，约翰法伯实验中首尾相接的毛毛虫，却因"跟随效应"一辈子也走不出围着花盆的圆圈。以倒金字塔新闻公式为代表的当代叙事类型可能导致我们陷入叙事的"毛毛虫怪圈"。事实证明，倒金字塔新闻公式可以给我们提供一种快速传播事实的办法，但是，它也是一种不可能用于叙事的形式。电报和铅字印刷，以及撰写倒金字塔文章的大多数理由都早已消失，但在许多报纸上，它仍与我们同在。同理，白酒叙事也需要理论转型。

"简化—组织—表现"的"三步走"策略。好的故事有事实、故事、意义三重世界。讲好故事，一要从事实世界走向故事世界。事实世界指单纯的经验事实。想让事实成为故事，要三步走：简化（去掉不相干的细节和游移不定的感觉）——组织（将事件按照因果逻辑序列化，形成情节）——表现（通过符号化处理增加关注度和影响力）。二要从故事世界到意义世界。理想的新闻故事，既要保留多义性，形成再阐释空间；又要主导解读，避免人云亦云、随波逐流；还要制造关联，当人们感觉自己与故事中的人物或者情节存在关联时，白酒故事的传播力就会达到最高水平。

"引起注意—产生连接—说服影响—唤起行动"的"四象限"方法。产业故事有四个象限，分别代表故事的驱动力可达成的目的：引起注意、产生连接、说服影响、唤起行动。要引起消费者注意，需关注"如何讲"和"何处讲"，即信息的传播方式和渠道；要与消费者产生连接，需关注"何时讲"和"何处讲"，即品牌信息传播的时机和渠道；要说服并影响消费者，需关注"讲什么"和"何时讲"，即选择有效的信息和传播时机；要唤起消费者行动，需关注"讲什么"和"如何讲"，即选择有效的品牌信息和传播方式。

诉诸"酒神精神"。技术流变，故事千秋。数字时代信息至上，而故事是信息之钥。营造一个故事友好型产业或企业至关重要。引人入胜、真实可信且富有同理心的品牌故事不只是专题文章和事实，它们还是人们心之所愿、心之所属的东西。找到这一钥匙，企业便拥有了源源不断的内生动力。酒文化不仅与最根本的饮食关联，更同各地民众的风俗、礼仪、信仰及祭祀合为一体。这在汉语文献及民谚中被表述为"酒以成礼""酒以合欢""无酒不成席"等，"酒神精神"象征和彰显的是浪漫、激情以及反抗、突破和神秘，与代表理性、世俗和规矩的"日神精神"（阿波罗）相对。同时，"酒神精神"也代表着人们谈及西方文化时无法回避的"希腊传统"的另一倾向，正如罗素所说"事实上，在希腊有着两种倾向，一种是热情的、宗教的、神秘的、出世的，另一种是欢愉的、经验的、理性的，并且是对获得多种多样事实的知识感兴趣的。"在这一点上，庄子式的逍遥、坐忘和归隐，与西方文化中"热情的、宗教的、神秘的酒神精神"遥相呼应。四川白酒产业文化建设可挖掘体现这一精神的传统文化资源，将其与国外相同相近文化建立关联，消解传播隔阂，引起受众共鸣。

讲述"标签故事"。四川的饮食文化独具特色，再加上四川白酒在酿造工艺、产品口感、品牌认知上与洋酒之间存在较大差异，外国人对白酒的接受度不高。这使得在打造品牌与推广品牌的过程中，如何向组织外部的受众展示品牌的含义遭遇严峻挑战。传达组织的价值观或者其他战略信息也是如此。因此，品牌要学会讲自己的"标签故事"，即讲好那些与品牌愿景、客户关系、组织及其价值观和商业战略有关的战略信息的故事。标签故事与战术故事不同，战术故事通常只用于达成短期的沟通目标，但是标签故事是一种可以指明持续性方向的，能够赋予品牌可见性与活力的战略资产。中国白酒要想得到国际认可，品牌文化必须先行，让外国了解中国白酒品牌文化，知晓中国白酒品牌内涵。

7.4 以好的评价机制激活产业文化成长力

7.4.1 正向总结和负向纠偏相结合

构建以企业文化理念为导向的总结、反思和改进机制，培育形成组织和个人强有力的总结反思能力，促进作风转变不断深化。一方面，及时提炼产业文化建设的好做法、好经验，发现和改进存在的问题，完善和健全工作内容、方法和步骤，提升工作实效。另一方面，对不好的或者有争议的做法、思路及时纠偏，让企业、部门以及员工主动围绕产业文化建设建言献策。

7.4.2 质性评价与量化评价相结合

质性评价与量化评价相结合并非质性评价和量化评价的简单叠加，而是以概念重构为基础，制定相应适度的量化标准评价产业文化建设现状，再综合参与观察、个体访谈、个案研究等质性方法，分析产业文化发展中存在的问题，最终提出相应的建议，以促进川酒产业文化建设。具体来说，一是从质性到量化。产业文化建设理念构建、现状认识、问题剖析等，都无法脱离在质性的基础上的价值判断，如果缺乏这一步，产业文化建设评价就会失去鲜明的价值立场。明确价值立场，产业文化建设行为便可定性，相关行为规范就可以量化考核，有了数据，就可以推断问题、趋势。二是从量化到质性。推动产业文化建设评价最终服务于其评价目的的正是通过再、从量化到质性的评价过程来实现的。首先，评价者应该认识到量化方法本身固有的缺陷，即评价中存在某些难以测量的或者易被忽视的指标。其次，评价者应该自觉发现数据分析后反映出的问题，针对发现的问题开展相应的质性研究。最后，评价要回归于质性评价，是因为评价的最终目的在于促进正向发展，而质性评价能够有效地帮助评价结论落地以及人们建立对于过去专业发展的客观认识。

参考文献

［1］鲍宏礼.产业经济学［M］.北京：中国经济出版社，2018.

［2］苏东水.产业经济学［M］.北京：高等教育出版社，2021.

［3］四川省人民政府."首届四川省十朵小金花"白酒企业出炉［EB/OL］.（2019-07-14）［2023-01-15］.https：//www.sc.gov.cn/10462/12771/2019/7/14/d7a10f0b80204a80956b98f451813341.shtml.

［4］四川省人民政府.七部门印发《四川白酒"十朵小金花"及品牌企业三年培育计划》［EB/OL］.（2020-10-20）［2023-01-15］.https：//www.sc.gov.cn/10462/10464/10797/2020/10/20/5f850fa2ea004fa395d8501a9d91a858.shtml.

［5］闵玲."十四五"四川将实施川酒振兴"五大行动"［N/OL］.（2021-01-21）［2023-01-15］.https：//epaper.scdaily.cn/shtml/scrb/20210121/248802.shtml.

［6］伍光和，王乃昂，胡双熙，等.自然地理学［M］.北京：高等教育出版社，2008.

［7］蒋雯琦.成都举办白酒产区发展峰会赋能白酒产业高质量发展［EB/OL］.（2022-11-10）［2023-01-15］.https：//www.thepaper.cn/newsDetail_forward_20673102.

［8］吴平华.宜宾：以"五粮液"等龙头引领 打造世界优质浓香白酒主产区［EB/OL］.（2021-12-18）［2023-01-15］.http：//www.sc.chinanews.com.cn/bwbd/2021-12-18/159994.html.

［9］王紫兆.从"原酒基地"到"酒庄集群"，邛崃到底还有多少"惊喜"［EB/OL］.（2022-05-14）［2023-01-15］.http：//www.cnwinenews.com/html/2022/guanzhu_0413/125361.html.

[10] 李晨，郑茂瑜. 川酒产业如何实现"关键一跃"？[N]. 四川日报，2022-05-26（10）.

[11] 威廉斯. 关键词：文化与社会的词汇 [M]. 刘建基，译. 北京：生活·读书·新知三联书店，2005.

[12] 罗钢. 文化研究读本 [M]. 北京：中国社会科学出版社，2000.

[13] 路向峰，王嘉莹. 走向实践的文化：唯物史观视野中的马克思主义文化理论 [J]. 社会科学研究，2022（5）：159-165.

[14] 仰海峰. 文化哲学视野中的文化概念：兼论西方马克思主义的文化批判理论 [J]. 南京大学学报（哲学·人文科学·社会科学），2017，54（1）：11-18，157-158.

[15] 李厚羿. 何谓"文化理论"：一种马克思主义的视角 [J]. 马克思主义哲学论丛，2020（3）：226-236.

[16] 方永恒，王睿华. 国内外文化产业研究综述 [J]. 西安建筑科技大学学报（社会科学版），2016，35（1）：31-36.

[17] 任力. 习近平关于文化产业的重要论述：发展脉络、核心要义和理论贡献 [J]. 企业经济，2022，41（8）：5-13，2.

[18] 刘小龙. 产业文化发展对产业升级的影响 [J]. 北京航空航天大学学报（社会科学版），2020，33（3）：86-91.

[19] 孟建. 视觉文化传播：对一种文化形态和传播理念的诠释 [J]. 现代传播，2002（3）：1-7.

[20] JIANG TIAN，WEI LIU. Research on the development strategy of liquor culture industry in China [J]. Academic Journal of Business & Management，2022，40（10）：15-18.

[21] 北京市中国特色社会主义理论体系研究中心. 中华民族伟大复兴需要中华文化发展繁荣：学习习近平同志在山东考察时的重要讲话精神 [EB/OL]. （2013-12-16）[2023-01-15]. http://theory.people.com.cn/n/2013/1216/c40531-23849634.html.

[22] 余祖光. 产业文化育人：理论探索与教育实践 [M]. 北京：高等教育出版社，2016.

[23] 云酒传媒. 王少雄解读：川酒的文化领先与发展优势 [EB/OL]. （2022-08-21）[2023-01-15]. http://www.yunjiutoutiao.com/web-9729.html.

[24] 栾学钢. 产业文化的形成、发展及其教育价值：评余祖光著《产

业文化育人：理论探索与教育实践》［J］．濮阳职业技术学院学报，2018，31（6）：48-52.

［25］四川日报.中国酒业"十四五"发展指导意见［R］．泸州：中国国际酒业发展论坛，2021.

［26］厉无畏，王玉梅．论产业文化化［J］．科技和产业，2004（11）：8-12.

［27］郭鉴．产业文化内涵浅析［J］．沿海企业与科技，2007（2）：166-168.

［28］郑刚强，陈则澜，孙嘉伟．设计驱动中国白酒文化与白酒产业融合发展路径研究［J］．艺术与设计（理论），2022，2（3）：34-36.

［29］陈少峰．产业文化化理念与方法［J］．企业文明，2012（3）：41-42.

［30］王屏．文化产业化与产业文化化的理性审视［N］．国际商报，2007-11-01（05）.

［31］黄华．科技与文化融合促产业文化化［J］．城市观察，2010（S1）：103-104.

［32］曾祥凤，胥茂瑶．白酒行业集中度发展趋势研究：基于白酒产业限制性政策解除视角［J］．经营与管理，2022（11）：187-192.

［33］贾淘文."中国白酒之都"打造白酒产业发展新格局［N］．消费日报，2022-12-26（A03）.

［34］周伟．川南经济区"十四五"规划酒业蓝图瞄准两大"世界级"［N］．四川日报，2021-10-07（04）.

［35］孟宝，梁祝，陈利容．健康白酒文化理论与四川白酒产业持续发展［J］．酿酒科技，2015（7）：105-108.

［36］钟文．努力将白酒产业做大做强［N］．成都日报，2010-10-29（01）.

［37］周玲玲．白酒产业区域品牌价值提升研究［D］．成都：西华大学，2020.

［38］黄平，黄永光，姜萤，等．白酒产业大省白酒发展战略分析［J］．酿酒科技，2012（2）：17-22.

［39］李启宇，何凡."中国白酒金三角"白酒产业空间组织优化探讨［J］．酿酒科技，2013（4）：21-25.

［40］林洁．"中国白酒金三角"白酒产业合作模式与途径研究［J］．现代营销（学苑版），2011（9）：157-158.

［41］赵凤琦．我国白酒产业可持续发展研究［D］．北京：中国社会科学院研究生院，2014.

［42］曾祥凤．我国白酒产业战略转型路径研究［J］．四川理工学院学报（社会科学版），2017，32（1）：1-13.

［43］叶天宏．中国白酒产业现状与发展对策研究［J］．产业与科技论坛，2017，16（10）：12-14.

［44］方美燕．四川省白酒产业区际竞争力研究［D］．成都：西南财经大学，2009.

［45］张林，李金萍．基于专利分析的中国白酒业技术演化路径研究［J］．酿酒科技，2017（7）：124-132.

［46］康珺．基于川酒文化的"中国白酒金三角"旅游发展策略［J］．四川理工学院学报（社会科学版），2012（1）：65-67.

［47］谢莉娜，李进军．四川旅游产业与白酒产业融合发展路径研究［J］．经济师，2021（8）：150-153.

［48］曾祥凤，胥茂瑶．白酒行业集中度发展趋势研究：基于白酒产业限制性政策解除视角［J］．经营与管理，2022（11）：187-192.

［49］唐萍．产业政策调整下川黔白酒发展策略的分析研究［J］．酿酒科技，2022（5）：97-102.

［50］石谢新．四川多项重磅措施推动白酒产业高质量发展［J］．中国食品工业，2021（11）：88-91.

［51］郑刚强，陈则澜，孙嘉伟．设计驱动中国白酒文化与白酒产业融合发展路径研究［J］．艺术与设计（理论），2022，2（3）：34-36.

［52］苏奎．新时代白酒产业高质量发展的内涵、目标和路径研究［J］．四川轻化工大学学报（社会科学版），2021，36（1）：47-56.

［53］王媛，郑淼，王明，等．标准助推质量提升新经验：白酒产业链标准体系建设实践［J］．中国标准化，2021（2）：73-77.

［54］．李曙光：白酒行业是永恒的朝阳产业［J］．中国食品工业，2021（1）：26.

［55］王海天，王婷，廖斌．白酒产业集聚与生态效率的动态关系研究［J］．中国酿造，2020，39（4）：210-215.

［56］龙云安，陈卉，赵舒睿. 白酒产业生产区与自贸区协同发展 ［J］. 食品工业，2020，41（6）：287-291.

［57］龙云安，王雪梅，冯果. 自贸试验区白酒产业高端集聚研究 ［J］. 中国酿造，2020，39（3）：202-207.

［58］樊耘，邵芳，李纪花. 企业家对组织文化和组织变革影响的实证研究：基于组织文化四层次模型 ［J］. 管理评论，2009，21（8）：104-113.

［59］樊耘，李纪花，顾敏. 基于四层次结构的组织文化与变革关系的实证分析 ［J］. 商业研究，2006（19）：31-35.

［60］张铁男，李晶蕾，金振声. 论具有现代意识的组织文化 ［J］. 学术交流，2001，99（6）：106-109

［61］马歇尔. 经济学原理 ［M］. 朱志泰、陈良璧，译. 北京：华夏出版社，2005.

［62］德鲁克. 大变革时代的管理 ［M］. 赵干城，译. 上海：上海译文出版社，1999.

［63］乔伊斯. 组织变革 ［M］. 张成，译. 北京：人民邮电出版社，2003.

［64］翁钢民，李凌雁. 中国旅游与文化产业融合发展的耦合协调度及空间相关分析 ［J］. 经济地理，2016，36（1）：178-185.